宮本武蔵
二天一流の剣と五輪書

宮本武蔵自画像
（熊本県・島田美術蔵）

第十七代師範
剣道範士八段
一川格治著

五方の形

一本目・中段　喝《かっ》咄《とつ》切《きっ》先返《さきがえし》

太刀の道を知り張り受けが中心。喝《かっ》咄《とう》の喝は敵を追い詰め突くようにすることで、咄は打落とすことである。

▲喝咄切先返（仕太刀中段の構）

●五方の形

宮本武蔵の剣法・二天一流は〝五方の形〟が基礎となっている。

五方の形

二本目・上段　義談《ぎだん》の構《かまえ》

仕太刀の打ち失敗の後、待機と打ち払いが中心。義談は談判と解し、戦か和かの瀬戸ぎわの構えである。

▲上段　義談の構

三本目・下段　水形《すいけい》の構《かまえ》

両刀受け、右斜切りが中心。水の流れのごとく、太刀を自然に受け流して切る。

◀下段
水形の構

五方の形

四本目・左脇　重機《じゅうき》の構《かまえ》

片手受け、
筋かい斜左切りが中心。
重機は太刀を上に振れないとき、
左脇に構える。

▲左脇　重機の構

五本目・右脇　右直《うちょく》の構《かまえ》

筋かい上げ、
早切りが中心。
頭上がつまり、左脇もつまっているとき、
右脇の構えとなる。

◀右脇
右直の構

はじめに

今年の二月初め、宮本武蔵の剣法と生涯についての執筆依頼があった。

武蔵先生の残された二天一流を修錬している者にとって、武蔵の剣法とその精神について、巷間にある誤解や憶測については、この際ぜひ取り除いておきたかったことが、これをひき受ける大きな動機になっている。

もともと武蔵先生の剣は、頭上満々、脚下満々、気を錬り気を鍛える、気力を主体にした剣であった。

形の上だけの技術の修得より、気力を重視した剣であった。したがって、気力が主体で技は従であるから、この二天一流を修錬することによって、形だけでなく心法の分野に入ることができる。

私は、常日頃剣道というものは、自他不二で、自分と相手との和合であると思っている。明鏡止水、相手の姿を心に映し、相手の非を咎めるものが剣道である。

現代剣道は、あまりにも技法に走りすぎて、心法の世界を軽視している傾向がある。

武蔵先生の剣法とその生涯は、我々に技法より心法の大切さを身をもって教えてくれる。

この書が、剣道人のみならず、人生の道を求める社会人にも参考になれば、これに過ぎる喜びはない。

最後に、この書を世に出すためお骨折りいただいた出版社の関係の人たちに感謝の意を表したい。

昭和五十九年春

一川　格治

もくじ

もくじ

●第3章　武蔵が到達した世界

●カコミ——同時代の剣豪たち

第1章

武蔵の剣法二天一流とその系譜

二天一流の組太刀

二天一流の五方の形

宮本武蔵先生の剣法二天一流は、五方の形がその基礎になっている。

先生の剣法にはいろいろな形があると思われているが、基礎になるのは、あくまでも五つの形だけなのである。まず、五方の形にはどのようなものがあるか、次にあげてみよう。

一本目　喝咄切先返《かっとつきっさきがえ》し（中段）
二本目　義談《ぎだん》（上段）
三本目　水形《すいけい》（下段）
四本目　重機《じゅうき》（左脇構）
五本目　右直《うちょく》（右脇構）

一本目の喝咄（かっとつ）切先返しは、宮本武蔵先生の流派の、一番の特徴をあらわしているもので、刀の刃というものは、切先を返さなければ、上にあがらないというものである。

二本目の義談（ぎだん）は、談ずる、話す、耳のところに右手を持ってくるの意味である。このことは、上段に匹敵するものとして、義談という名が付けられている。

三本目の水形（すいけい）は、水の流れを示すもので、水のように相手の動作に呼応して変化する。どのようにも変化して、相手の動きに従いながら勝ちを得るというものである。

四本目の重機（じゅうき）は、相手が切ってきた太刀を、右で受けてから、つぎにはね上げる。これは、一回受けた相手の力を知り、二回目ははね上げて、相手の太刀を落とす。そして、斜交に切るものである。

切り方には、真直ぐに切るものと、斜めに切るものと、真横に切るものと三つある。

五本目の右直（うちょく）は、身を捨てて、打太刀が打とうとするところに、サッと突っかける。相手がビックリして体が開くので、そこを切先返しで切るというものである。

二天一流の成り立ち

宮本武蔵先生の二天一流は、当初は、円明流（えんみょうりゅう）または武蔵流と称していたが、寛永十七年春熊本の藩主、細川忠利《ただとし》公に迎えられた時から、先生の修行のまとめを書き著し、忠利公に奉ぜられた。これが「兵法三十五箇条」である。

「兵法三十五箇条」は、後に書かれた『五輪書』の骨子のようなもので、箇条書きとして書かれたものである。

忠利公は、非常に喜んだ。

寛永十七年、武蔵先生五十七歳のときに熊本に来られ、生涯をかけて自分の修得した武道を、何らかの形で残そうと、最終的に出来上ったものが、二天一流なのである。

二天一流の名称

二天一流という名称はどこからきているかというと、もともと二天というものは、武蔵先生の号なのである。また、二天道楽ともいった。したがって二天一流というのは、武蔵の一流、二天の一流という意味である。

二天というのは、他に特別な意味があるわけではなく、熊本に来られてから、泰勝寺の春山和尚から、二天道楽という号を与えられたものである。

その二天道楽の号の頭の二天をとって、二天の一流、武蔵の一流とした。武蔵の剣法を総合して、そういう意味をふくめて二天一流という名称を付けたものである。

五輪書の〝地の巻〟の冒頭に、「我が流を二天一流と号し」と、武蔵先生は自分の流儀を二天一流と名付けている。

現在でも各県に、二天一流というのがあるが、なかには熊本で会得し、二天一流を継いだ者もあるかもしれない。前身の円明流をやる者が、二天一流だと称えていることもある。

二天一流というのは、武蔵先生が熊本に来られ、五輪書を書かれた時点で、我が一流を二天一流と号し、はじめてそこに二天一流という名称が、浮かび上ってきたものである。

結局円明流であるとか、武蔵流であるとか、今までの武蔵先生の修行の過程での流儀をまとめあげたものが二天一流として完成されたものなのである。

『五輪書』のなかの武蔵の説明

武蔵先生は、五輪書のなかの〝水の巻〟で、二天一流における五方の構え、太刀筋、五つの表《おもて》の次第のことを説明している。次のことは、五方の構えの内容である。

一、五方の構の事、五方のかまへは、上段、中段、下段、右のわきにかまゆる事、左のわきにかまゆる事、是五方也、構五ツにわかつといへども、皆人をきらん爲也、構五ツより外はなし、いづれのかまへなりとも、かまゆるとおもはず、きる事なりとおもふべし、構の大小はことにより利にしたがふべし、上中下は體の構也、両わきはゆふの構也、右ひだりの構、うへのつまりて、わき一方つまりたる所などにての構也、右ひだりは所によりて分別あり、此道の大事にいはく、構のきわまりは中段と心得べし、中段、構の本意也、兵法大きにして見よ、中段は大将の座也、大将につきあと四段の構也、能々吟味すべし、

太刀の道筋については、次のように説明している。

一、太刀の道と云事、太刀の道を知と云は、常に我さす刀をゆび二ツにてふる時も、道すじ能しりては自由にふるもの也、太刀をはやく振んとするによつて、太刀の道ちがいてふりがたし、太刀はふりよき程に静にふる心也、或扇、或小刀などつかふやうに、はやくふらんとおもふによつて、太刀の道ちがいてふりがたし、それは小刀きざみといひて、太刀にては人のきれざるもの也、太刀を打さげては、あげよき道へあげ、横にふりては、よこにもどり、よき道へもどし、いかにも大きにひぢをのべて、つよくふる事、是太刀の道也、我兵法の五ツのおもてをつかひ覚れば、太刀の道定りてふりよき所也、能々鍛練すべし、

二天一流の基礎である五方の形を身につければ、太刀の道筋が定って振りよくなることを説明している。そして、五つのおもてというのは、五方の形の内容の説明になっているものである。

五方の形の最初の一本目、中段喝咄《かっとつ》切先《きっさき》返《がえ》しは、次のように説明している。

一、五ツのおもての次第、第一の事、第一の構、中段太刀さきを敵の顔へ付て、敵に行相時、敵太刀打かくる時、右へ太刀をはづして乗り、又敵打かくる時、きつさきがへしにて打、うちおとしたる太刀、其儘置、又敵打かくる時、下より敵の手はる、是第一也、惣別此五ツのおもて書付るばかりにては合點成がたし、五ツの

おもてのぶんは、手にとつて、太刀の道稽古する所也、此五ツの太刀筋にて、我太刀の道をもしり、いかやうにも敵の打太刀しるる所也、是二刀の太刀の構五ツより外にあらずとしらする所也、鍛練すべきなり、

また、二本目、義談については、次のように述べている。

一、おもての第二の次第の事、第二の太刀、上段に構、敵打かくる所一度に敵を打也、敵をうちはづしたる太刀、其儘おきて、又敵のうつ所を下よりすくひ上てうつ、今一ツ打も同じ事也、此おもての内におゐては、様々の心持、色々の拍子、此おもてのうちをもつて、一流の鍛練をすれば、五ツの太刀の道こまやかにしつて、いかやうにも勝所あり、稽古すべき也、

三本目、水形についての説明は次のようである。

一、おもて第三の次第の事、第三の構、下段に持、ひつさげたる心にして、敵の打かくる所を下より手をはる也、手をはる所を亦敵はる、太刀を打おとさんとする所を、こす拍子にて、敵打たるあと、二のうでを横にきる心也、下段にて敵の打所を一度に打とむる事也、下段の構、道をはこぶに、はやき時も遅き時も出合もの也、太刀をとつて鍛練あるべき也、

四本目、重機については次のように説明している。

一、おもて第四の次第の事、第四の構、左の脇に横にかまへて、敵の打かくる手を下よりはるべし、下よりはるを敵打おとさんとするを、手をはる心にて、其儘太刀の道をうけ、我肩のうへゝすぢかいにきるべし、是太刀の道也、又敵のうちかくる時も、太刀の道を受て勝道也、能々吟味あるべし、

五本目、右直についての説明は次のようである。

一、おもて第五の次第の事、第五の次第、太刀の構、我右の脇に横にかまへて、敵打かくる所のくらいをうけ、我太刀下の

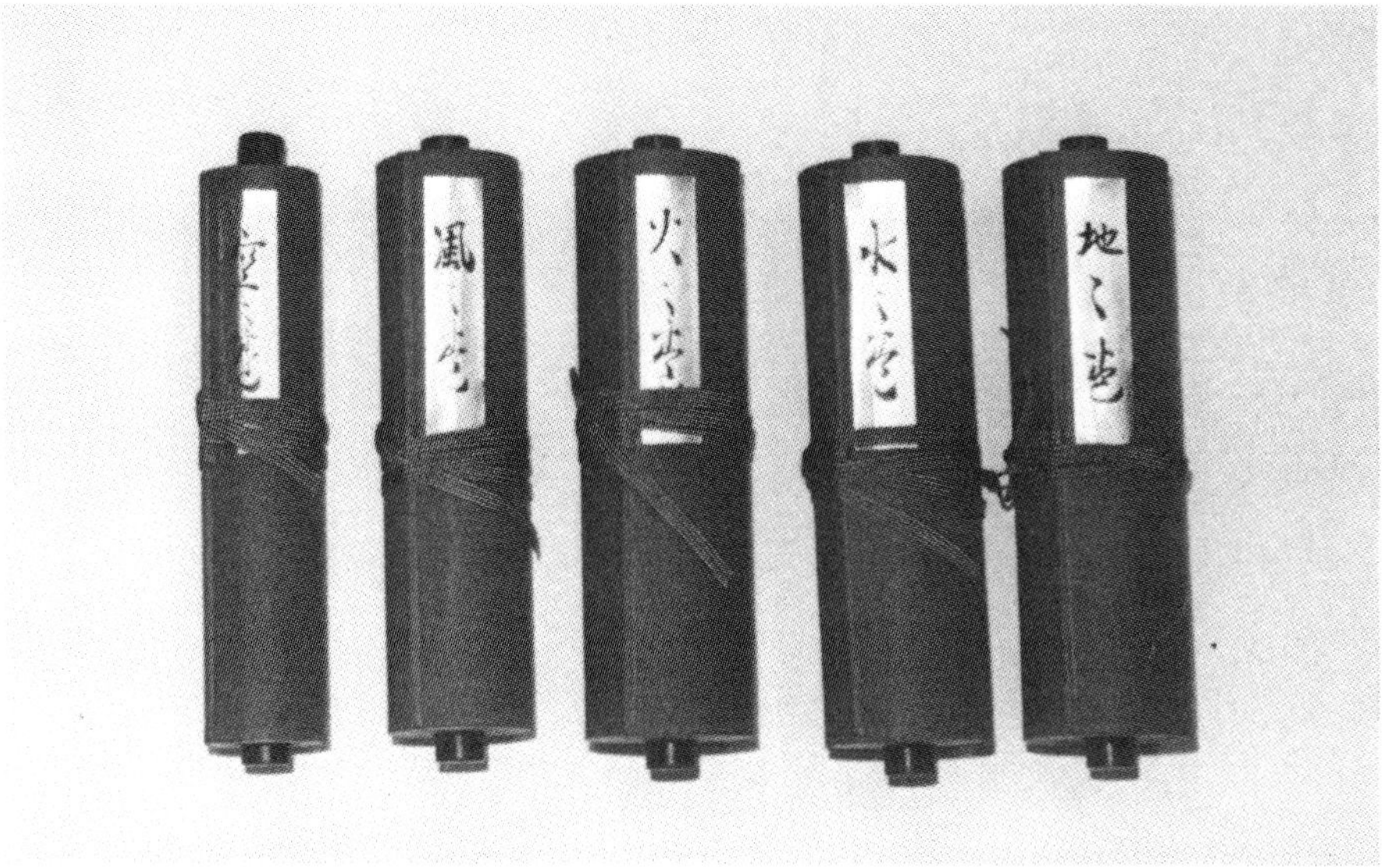

『五輪書』地・水・火・風・空の巻

よこよりすぢかへて、上段にふりあげ、うへより直にきるべし、是も太刀の道能しらんため也、此おもてにてふりつけぬれば、おもき太刀自由にふらるゝ所也、此五ツのおもてにおゐて、こまかに書付る事にあらず、我家の一通太刀の道をしり、亦大形拍子をも覚へ、敵の太刀を見わくる事、先此五ツにて、不断手をからす所也、敵とたゝかいのうちにも、此太刀筋をからして、敵の心を受、色々の拍子にて、いかやうにも勝所也、能々分別すべし、

五方の形は基本である

二天一流の表《おもて》五本の形は剣法の骨子であり、基本であって、形だけでなくむしろ実際の稽古に活用されることが多い。武蔵先生が非常に好んでいた鍛えに鍛え抜く朝《ちょう》鍛夕練《たんせきれん》の意味は、その基本を鍛えさえすれば応用も出来、自由に使えるのだということである。それが二天一流だといわれている。

二天一流というのは、五輪書のなかで切る方法を教えているが、人を切るという方法でなしに、剣の道を究めて人を活かす活人剣のほうが主体で、技法としての殺人剣は重きをなしていない。

武蔵先生が熊本に来られてからは、とくにその色彩が強く、熊本では刀を差すことなく。杖一本をたずさえて歩いていたというのである。

また、熊本では公式の場合は、常に七名の侍が付人としていたが、これにこだわらず、ただ一人で山野を歩いていたというほど格式ばらない日常であったという。

実相円満《じっそうえんまん》の兵法

二天一流は一口にいえば、実相円満の兵法逝去不絶《せいきょふぜつ》である。これが武蔵先生が二天一流を作りあげ、最後に到達した心境なのである。

結局、実相円満という意味は、剣というのは人を切る剣ではなくて、人を活かす剣でなければいけないということなのである。

したがって、二天一流による木剣の作りも普通の作りと比較すると薄くて、小さい。それはただ、刀の一つの道筋を教えることが主体であって、切るという観念からは遠いことを示している。

刀というのは刃があり、それを真直ぐ上に持っていき、下ろすとき物に当たれば、重みがあるので、物は自然に切れるように作ってある。刀の使い方も、二本指で自由に使えるのだと教えている。

これは、武蔵先生の刀に対する一つの合理的な考え方である。日本の刀工が腕をかけて作った刀であるから、意図的に人を切るような切り方は間違いで、触れさえすれば相手を切ることはできるのだという意味である。

力を入れなければ物は切れないという感覚をもつのは間違っている。ただ物を切るというだけならば、婦女子でも切ることができるのだということであるから、いらざる力を使わなくてもいいというのである。

その動作が剣の道でも、だんだん深まり仕上ってゆけば、動から静になる。

山岡鉄舟の言葉に、「無意にして変化の神を極《きわ》め」というのがある。無意とは何も為さん、剣でいうならば、晴眼でじっと構えていると、静かでじっとしているようであるが、この静は、いつでも百倍、二百倍動くだけの力を底に秘めた一つの静けさなのである。

つまり、剣というものは、究極は動から静に帰らなければならないというのが、武蔵先生の考え方なのである。

剣法の起こりは、まず身を守るということからはじまっている。それに較べると現代の剣道は、身を守らないばかりか、すっ飛んでゆくのが多い。この辺が武蔵先生の剣法に対する着想からいってもまったく違っている。

第一に自分の身体を大事にする、大事にするから日本刀を手狭んで守る姿勢がある。それに対して相手が危害を加えにくるので、その度合に応じて正当防衛という段階を踏むのが、昔の剣道であった。

ところが現在は、テレビなどでも切って切って切りまくる。まったく気狂い沙汰である。あれが剣道であると思われるだけで大変なことである。

昔の、静かなそして本当に心を錬る、気を錬る剣道に、今こそ立ち帰らなければならないと思う。

二天一流は、そういう意味で、実相円満の兵法、逝去《せいきょ》不絶《ふぜつ》ということを題材として、人間形成という方向へ進めてゆかれた剣法で、形も少しもすざまじいというところは見受けられない。

能のように静かで、また静かに立つているときは彫刻のようでもあり、そしてひとたび動きはじめると能であり、掛け声は音楽そのものである。武蔵先生は、あらゆる芸術を総合した武道という方向へ、二天一流をもつてゆかれたのである。

子どもでも、女性でも、誰れにでも、このように指導をされたのである。

使用する木刀も、薄くて小さいものだが、子供でも使えるということからしてもこのことはよくわかる。もし六尺豊かな武蔵先生のあの力でやられたとすると、あのような薄い木刀では形ができなかったはずである。

剣法の理念というものを指導する意味では、刀の性格というものを、まずあの薄い木剣で教えたのである。この木剣は、力を入れずに落とせば、真直ぐに落ちる。ところが力を入れると、ピュッと風を切って横になってしまう。

無駄な力を入れるのは刀の道ではない。刀というものは、振りよきように振れというのである。今の剣道はスピード重視で、ただ早くというが、武蔵先生の剣はスピードに頼っていたのではない。

振りよきように振れ。柔く、ゆっくり振って、そしてそれが効果的でなければならない。今の剣道はそうした刀の考え方から離れてしまっているので、一日も早く、刀のほんとうの使い方ということを原点とした剣道に帰らなければならない。

剣道の元は刀なのである。刀をなぞらえて作ったものが木剣であり木剣をなぞらえて作ったものが竹刀《しない》である。そのような段階で、竹刀も木剣も刀と思えと教えたものだが、今は竹刀を握っているもので、刀を握っているのだと思うものは一人もいないのではないか。

刀に対する観念

昔は、刀に対する尊敬の念が試合でもあった。ところが、今は竹刀に対して礼もないのが現状である。それは、自分を守る武器に対して、武器という観念がまったくないからである。

現在、世界の各国に剣道も進出してきたが、外国人に

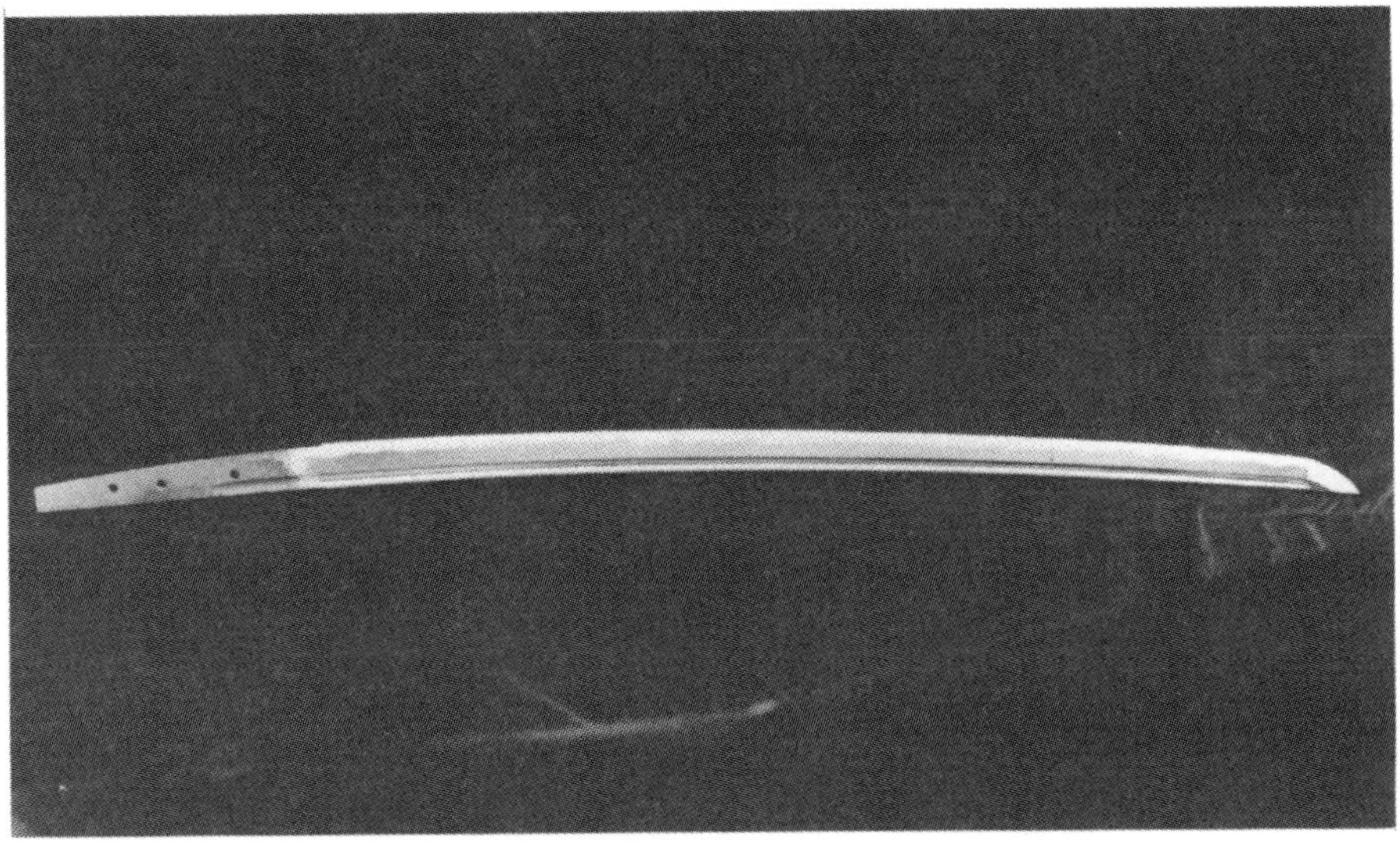

宮本武蔵・所有刀(無銘金重)(熊本市・島田美術館蔵)

は、刀という感覚が全然ない。ところが、日本人は、戦国時代戦った祖先の血が脈々として流れているので、刀の観念については一応もっていた。

しかし、今は刀の観念が日本人と異なる外国人などと同様に、時代の変せんとともに、日本人も刀に対する考え方がなくなって来ている。剣道は本来の姿から曲ってきたと考えている。こういう傾向に対して私たちは、古武道に立ち帰って、廻り道のようであるが、古武道を勉強することが近道になり、意義のあることではないかと考えるのである。

昔の先生たちが、苦労を重ね、自分の身体を使って、肌で覚えた剣道というものは、今剣道をやるものが修得した技などよりも、遙かに深いものがある。それを学ぶことに意義があるのだ。

十四代師範・指田次郎先生の覚書

五方の目的

第十四代指田次郎先生が私に残された、五方の形についての覚書を受け継いだものを紹介する。

兵法三十五箇条および五輪書の五方には、左右両手を同様に使い得るように練習し、左手も右手同様に機能するように、習得することを目的とすることが説いてあるが、一方、「左手さして心なし」と注記し、また「両手に太刀を構ゆること実の道にあらず」とも書いてある。

これからすると、左手の小太刀の働きには、あまり期待していないことがわかる。したがって、主要な働きをするのは大太刀であり、実際に一刀で戦う場合は、よく練習して蓄えておいた左手の機能を右手に添えれば、その威力は一段と増すわけだから、その効果は著しい。

左手を常に、右手同様に使えるように練習しておけば、たとえ右手を損傷しても、左手だけで対敵が出来るわけで、試合で二刀を用いるために、練習するのが目的ではない。

武蔵先生は生涯、六十何度かの試合をしたが、そのときは何時も一刀で、その内の二、三回は二刀を使われた記録もあるようだが、それは真剣勝負の場合ではなかった。

二刀を持って戦場に臨むとき、敵が甲冑《かっちゅう》を着ている場合には、小太刀を持って切ることは、簡単なことではない。また、乗馬の場合には、両刀は使えないことになる。**鉄砲**が弓にとって替り、したがって甲冑が簡単になり、その後甲冑を用いない西南の役などの戦いでも、両刀を用いて戦場に活動したという話はないようである。

こうしたことから、武蔵先生の二刀の練習の目的は、二刀を実際に用いるのが狙いではなかった意味がわかるのである。

五輪書に、「多勢の位」という言葉があるが、二刀を持って多勢と戦うことが書いてある。だから、全然二刀を使わないというわけではなく、相手次第では、二刀のほうが有利に使用し得る場合もあるということである。

相手に武術の心得がなく、たとえば、一揆のようなものと争う場合には、これに対しては二刀で対戦するのが有効であることは十分想像できる。

作家直木三十五氏の「剣法夜話」に、宮本武蔵が二刀を使うことについて、こんな批評がある。

「今日剣法が実戦に必要のない時だからこそ二刀流の二本竹刀をもって稽古している人も時にはあるが実際切りつ切られつした時代には二刀流など馬鹿馬鹿しくて使えるものではない。最も適切な例として維新時代切り切られした時代に誰一人でも宮本武蔵の剣法をならったり武蔵の二天一流の復活を唱えた人があったか？」と。

直木三十五氏は、三十五箇条や五輪書を読んでおらず「両手に太刀を構ゆること実の道にあらず」というのを見ていないから、こんな批評もあろうが、少しでも読んでいたら、武蔵先生の二刀流の考えを了解したであろう。

二刀流の宮本武蔵先生が、代表的な試合であった京都吉岡一門との試合にも、巌流島の佐々木小次郎との戦いにも、二刀を使っていないのを不思議に思う人が多く、なかには、思いあまって二刀を使って戦う武蔵を描いた絵を見ることもあるが、これは先生の二刀を持って戦う姿が、絵として派手で美しく見えるから、そう描いたのであろう。

二天一流を習ったからといって、強いて二刀を使って試合をする必要も、責任も、義務もないのである。

武蔵流といえば、一般に二刀を使って試合するものと思われており、武蔵の肖像に賛を依頼された、徳川幕府の儒者林羅山《らざん》は、その賛に「剣客新免玄信毎一手持一刀称曰二天一流　其所撃所又指縦横抑揚屈伸曲直千心得応千手　撃則摧攻則敗所請一剣不勝二刀　誠非妄也」と。

試合には常に二刀を使用するように思って二刀一辺倒のように書いてあるが、これは看板に囚《とら》われた学問、専門家の認識不足から来たものであろう。

武蔵びいきではないが、作家直木三十五も、武蔵の鋭い知覚を認めているぐらいであるから、世相を洞察して未だ誰も着想していない二刀に着眼し、流名として宣伝したものと思われる。

しかし、たとえ実際に二刀を用いて試合しないのが建前であっても、その実績が著しいので、二刀流を看板にしたといっても、「両手に太刀を構ゆること実の道にあらず」との釈明は、充分に通用したであろう。

五方の構成は、上、中、下、左、右の五つの構えと、大小二刀の使いわけを巧《たくみ》に組み合せ、敵の打つ太刀の受け方、あるいは小太刀による受け方も取り入れてあるが、敵を切るのは、概《おおむ》ね大太刀によるもので、小太刀で切ることは教えてはいない。

実際に、大小の刀を持って同時に敵を切るとき、小太刀が大太刀と同じ目的を達することは、長短の関係で出来ない。大小二刀を同時に使うとき、小太刀は大太刀の介添え役か、受け太刀の役をやることになる。

五輪書に、敵を切る場合、腕を切れと書いてあるのは、三本目だけで、他の構えには、腕を切るとは示していない。

武蔵先生の高弟寺尾信行の書には、一本目に腕を切るとあるから、その他も敵を切るときは腕を目標として切るものと解してよいだろう。

敵の面を切るのが、一撃で相手を倒しやすいのだが、腕を切れば効果もあると思う。なぜなら腕を切られた敵は、最早戦闘力はなく、降服するか、逃走するか、自決するより他に方法はないからである。

敵が死ねば、一人の戦闘力を減じたことになるが、傷ついた敵には後送看護や治療など複雑多様の人手を必要とするため、敵の戦闘力を消耗し、不利な状況にする。

つまり、面を切るより腕を切る方が合理的なことにもなる。

また個人と個人の戦いにおいて腕を切られた相手には、自己の精神の微弱と剣法の拙劣を反省し、あるいは悔悟し、善処する余裕を与えることにもなる。

しかし、武蔵先生が敵の腕を切るのは、現実に技術上太刀の使用法を、多角的に運用することを考慮して、腕を選んだものである。

先生は、一生のうち六十幾度かの勝負において、相手を斬殺し、後年その悲惨を自覚されたこともあるだろう。

また晩年は、敵の邪心を征服すれば、それで剣の目的は達成できたと自得されたことがあるかもしれない。

先生の辞世の「実相円満之兵法逝去不絶」は、剣の目的は、ただ、人を切ることではなく、その兵法の実相は円満にあるのであって、慈悲愛憐を含んでいることを説いたものである。晩年においては、一撃一殺から転換して、一撃腕を切って、相手に反省の余裕を与えるような寛大な心境になっておられたのかもしれない。

二天一流以外の各流には、伝統を汲む秘剣があり、これを弟子に授けるのに目録皆伝といって伝授金を取るが、これは剣道に限ったことではなく、いずれの芸術においてもあり、商伝といえよう。

二天一流にも、皆伝はある。ただ五輪書の披見と、これを写し取ることを許すことで、これは武蔵先生死去後師範が定めたものである。

細川藩の食禄相続には、武芸修得の資格として、目録皆伝の修得数を規定してあったから、二天一流にも、これを当てはめ制定されたものではあるまいか。

二天一流は、この点あっさりしたもので、剣の極意というものはなく、強いていえば、五輪書と誠直という無形のものくらいで、およそ剣の道とは、程遠くて関係のないようなものである。しかし、戦う場合は、かねて誠直であれば、相手にも周囲にも心にひけ目なく、天心爛漫に思いのまま戦って、平常修得した、全勢力を充分発揮することができると思うのが趣旨である。

もちろん、剣の実力を修得していて、はじめてこういえるわけであるが、勝負には心の修練が第一条件であることに変りはない。それで二天一流を継いできた師範は、代々この心を尊守してきたのである。野田派伝統の「二天一流歌の書」五十二首というのがあるが、これは日常人の行為を指導する道徳憲章であって、誠直を育成する秘書である。

ここで注意しなければならないことは、五輪書は、今から三百五十年前乱世に成長された武人の創作であるから、その用語には、当時の方言、俗語があり、文辞の用法や表現にも充分でないところがあるから、五方の仕方を読むときは注意して、広義に弾力ある解釈をして演技しないと、円滑を欠くことがある。

たとえば、五輪書で表第一の次第とあるのは、裏のあることを示したもので、応用が別にあることを知らなければいけない。

私は五方を習う人は、一、伝統は守ること、二、五輪の法則は必ず守ること、三、五方の習技者は、自ら楽しみ、見る人を楽しませるようにする。以上を希望する。

武者修行の目的

武者修行は、その時代により多少目的も異っていて、すべてを同じに扱うことはできない。

例えば、主人を失った武士が新しい主人を見つけるため、また他国の地理や城の様子などを偵察するため、仇討をするためなどを武者修行と言った。

しかし、本来の武者修行は、武術の修行を積むために諸国を遍歴し、名人・達人と言われる者を訪ねて試合をし、自分より優れた者には門人となり教えを受け、自分の技術や精神を錬磨することを目的としていたものである。

武者修行を歴史的に見ると、室町時代末期から徳川時代初期に盛んに行われていた。

武術の修行と人間鍛錬を目的とする本来の武者修行は、上泉伊勢守や塚原卜伝、伊藤一刀斎、宮本武蔵などを代表的な人物として挙げることができる。

江戸時代中期は、徳川幕府の他流試合禁止にもよるが、武者修行は一時衰退するが、同じ流派内では稽古ということで試合は行われていた。

十一代将軍家斉の晩年、天保年間には武芸奨励が出て、以後武者修行はまた激増する。

木刀や真剣に代って竹刀や防具が発明され、剣道の稽古がし易くなり、諸藩も今までの試合禁止令を解き、武術が盛んになった。

五方の形演技に当って

木太刀の軽重と練習成績

今日演技している五方は、一定の方法に従って行い、その方法以外には一歩も出ない固定した演技である。しかし、五輪書制定の当時は、打太刀の変化に応じて仕太刀が、臨機適応して変化ある練習をしていたことは、武蔵先生の高第寺尾信行の著述書によって知ることができる。

練習も今日のような約束演技でなく、素面素小手の練習で、木太刀の激しいものであったことが想像される。これは、二天一流ばかりでなく、その他の流儀でも同じことだが、木刀は完全に一種の武器として生命に関わることもあるので、もう少しで決まるというところで打ちを止めるから、本当の練習にはならない。

それで割竹を皮袋に入れて竹刀にしたのは上泉信綱（一五七七年死）の発明で、ただ木刀を振るだけの練習よりはるかに効果があったに違いない。

ところが他流の剣客は、新陰流が考案したこの竹刀の稽古を、「女子供の遊戯のようなものだ」と頭から馬鹿にしてかかって、相変らず木刀を振っていたのだが、いざ実際に試合をやってみると、どうも竹刀で練習していた方が歩がいいと、何時の間にか竹刀を使うものが圧倒的に多くなっていった。

軍隊の銃剣術に使用する木銃も、真銃の重さでないと稽古をしても、実戦の役に立たないではないかという意見があった。そこで、大きく重くして銃の重さと等しくしたが、重くて使いにくいため、突進も充分できず繰り突きして勇往邁進の気が鈍ってきたので、よくないと、軽量なものに替えたところ、稽古に面白味が出て、突進が充分にできるようになった。

二天一流の木太刀は、大が三尺三寸、小が二尺で片手で使いやすく作ってあるのは、腕力を増すのが目的でなく、太刀を思う存分に使えるよう練習するのが目的なのである。

五輪書のなかで指二つで振って、太刀の道筋をよく知るには、この太刀作りが適当であって、これならば軽くて、子どもにも使えるからで、銃剣術木銃の教訓は、武蔵先生が三百五十年前にすでに教えていることなのである。

二天一流の大小の木剣のバランスは，芸術的

二天一流の木剣を手に取って見る人は、これは軽い、これでは練習にならないのではないかと思うであろう。まだ、二天一流を習わない人が、普通の大小二刀の木剣を準備して習いはじめると、重くて自由に振りにくい、まいってしまうことが多い。そして、二天一流専用の木太刀を使って、はじめてその形式の価値を納得するものである。

この三尺三寸と二尺に作られた大小木太刀の長さの比は〇・六になり、はからずとも審美学のシンメトリー（美的分解）になり、太刀の構えにも動きにも、線と円の調和がとれて、美影を描いて、鑑賞価値が高くなってくるものである。

また、三尺三寸は、日本床の中掛釘（壁掛花）の高さを、千利休が規定したものである。外国の長さ、基準一メートルも、長さの鑑賞適正で、人の視覚にインスピレーションを投影するもので、武蔵先生はこれを感得されていたようで、この美覚が、先生の芸術にまで展開されているものといえよう。

五方の形演技上の心得

一、形を肥後菊のような清楚なものに培養するには、無駄な動作を省き、総ての動作に意義あるようにしなければならない。

「ズーッ」の発声で敵を圧迫してゆく

二、この形の打ちは、縦打、右斜打、左斜打の三種があり、上段になるに、真直ぐに廻し、低く上げの三種がある。

一本目・中段喝咄《かっとつ》切先《きっさき》返《がえし》

仕太刀　主練習。太刀の道を知る。張り受け。

一、打太刀と仕太刀の距離は、敬礼のとき。約四メートル、演技をはじめるとき、約六メートルをとる。これは次の四本の形にも共通する。演技の構想を大きくするためである。

二、仕太刀進みはじめたら、「ズーッ」を発声し、上段が終るまで続け、太刀を真直ぐに、緩《ゆる》く腕を縦に切る。打ち終ったら、「ターン」と声を掛ける。

打つときは、足は左右に少し開き揃《そろ》えて打つ。右足を出し、半身になって打ってはよくない。

三、「右にはずして乗る」は、気分を出すだけでよい。もし実施するならば、技を大きくはずしを練習しないと意義がない。

四、敬礼は右手を左手の下にし、左手の母指を右母指の上に重ねる。

五、喝咄《かっとつ》の喝は、敵を追い詰め突くようにすることで、咄は打ち落とすことである。それに切先を返して上げる。

打太刀

一、仕太刀の中間に打つのは、太刀先約二十センチにして、第一回は前進して打ち、二回目は後退し中途で打つ。

第二回は前進し、中途と追い詰めて打ちそのまま後退する。両者の距離が短縮し、あるいは道場が狭いときは、中途打ちはしないほうがよい。

仕太刀の頭を打つとき、右足を一歩後方に引き、太刀を担いで、その足を前と同様の幅に出して打つのがよい。

二本目・上段義談の構

仕太刀　主練習。打ち失敗後の待機。打ち払い。

一、普通より少し速く進み、真直ぐに縦に打つ。

二、打ちは失敗したので、「ターン」の声は掛けない。打太刀の太刀を打ち終って「ターン」を掛ける。

打太刀

一、歩速は仕太刀と同様である。仕太刀を突くのは、右足を一歩後方に引き、再び一歩前に出して突く。数歩前後するのは、停止の位置が適当でないからである。

（私解・今突いているのは、五輪書では打つとある。打った時代もあったと思う。突くのは、裏にあってそれが表に変って伝統になったのか。一太刀ぐらい突くのもあってよいであろう。義談を談判と解し、構えは戦か和かの瀬戸ぎわの姿勢であり、それが破裂したとき、五輪書にある一拍子の打ちとなる。）

三本目・下段水形の構

仕太刀　主練習。両刀受け。右斜切り。

一、打太刀が左肩上斜め上に太刀を上げる拍子に乗って、すぐ左に開いてしまうのはよくない。打太刀の打ち落とすのを見て、左に避けるのがよい。

二、打つときは横から切る、斜右へ。

三、左へ開いて打つとき、太刀先を少し開くのがよい。

打太刀

一、左斜後に後退するときは、大歩でないほうがよい。このとき、はずみをつけるとよい。仕太刀を追って一本打てば、それでよい。

（私解・水が流れてものに当たるが、それを自然に避けて流れるよう、太刀を受け流して斬るものと解する。）

四本目・左脇重機の構

仕太刀　主練習。片手受け。筋かい斜左切り。

一、受け方を早くするからといって、太刀の上げ方も自然受けの拍子に乗って早くなるのはよくない。

受け終って、ちょっと太刀を止め、それから左肩の上でのの字に廻し、右へ緩《ゆるや》かに打ち込むと緩急調和して、よく筋かえに切る（斜左切り）動作がしやすくなる。

二、重機も右直も、頭上に支障物があるときに、太刀を使うわけだから、注意しなければならない。

打太刀

一、仕太刀が二回目の受けを終ったら、直ぐに後退しないと、仕太刀は太刀を伸して上段にすることができない。（私解・敵の後退に間隙がなかったら、それに乗じて秋猴（しゅうこう）、漆膠（しっこう）、丈較（たけくらべ）を行って敵に密着しようと、戦機の幾つかをはらんでいる。）

五本目・右脇右直の構

仕太刀　主練習。筋かい上げ。早切り。

一、打太刀の面を突くように進んで、太刀を止め、右肱を右斜めに少し下げて引き、太刀先を廻して上げて上段になる。

右手先を廻してするより、右肱でするほうが技が大きくなるのでよい。

二、大太刀が小太刀の高さにきたとき、大小両太刀を後ろに引き、太刀先を大きく外側に廻して、両刀同時に上げて打てば、動作がしやすくてよい。

打太刀

一、仕太刀の進んで太刀を上げようとするとき、両手を開いて上げ、大きく後退しないと、仕太刀は太刀を廻して上げることができない。

二、仕太刀後退するとき、中途打ちと詰めの打ちと二度打ちが終れば、そのまま後退すればよい。

武蔵先生の遺《のこ》された、五輪の表五本の真相を、心と体と太刀の調和によって動かし、表現しなければならない。相手あって相手を見ず、修練してきた自己の姿を、相手に束縛されることなく、思いのまま行う心境に到達しなければならない。

いわゆる独《ひと》り芸である。独り芸は相手に合せようと思ったら、それはできない。

太刀の動きの魅力は、独りのときに出るものである。古関氏の古流長刀のごとく、除野氏の四天王の太刀の動きに、その実相が見える。

五方の理想も独り芸にある。しかし、二天一流を行う場合、理想と現実を踏まえたうえで行わなければならない。

一本目　中段　喝咄切先返

一本目は、太刀の道を知ること、張り受けの練習を仕太刀がするように組み立てられている。

喝咄の喝は敵を追い詰め突くようにすることで、咄は打ち落とすことである。そして切っ先を返して上げる。

■掛け声

掛け声は他の流の掛け声とは違い、非常に特徴のあるもので、三つの掛け声がある。

「ズーッ」
「タン」
「ヘッタィ」

二天一流五方の形演技

写真右　仕太刀　剣道範士 八段　一川格治
写真左　打太刀　剣道範士 八段　神尾宗敬
礼法：打太刀・仕太刀の距離四メートル
敬礼は左手を右手の下に、左手の母指を右母指の上に重ねる
木剣は、仕太刀は小太刀を下に、大太刀を上に斜めに組んで置く。

打太刀と仕太刀の距離は、敬礼のとき四メートル、
演技の立ち上がりは約六メートルとする。

喝咄切先返

（仕太刀中段の構）

打太刀八相の構
（刀の刃は内側に向ける）

仕太刀

（中段の構を横から見たところ）

打太刀

（八相の構を横から見たところ）

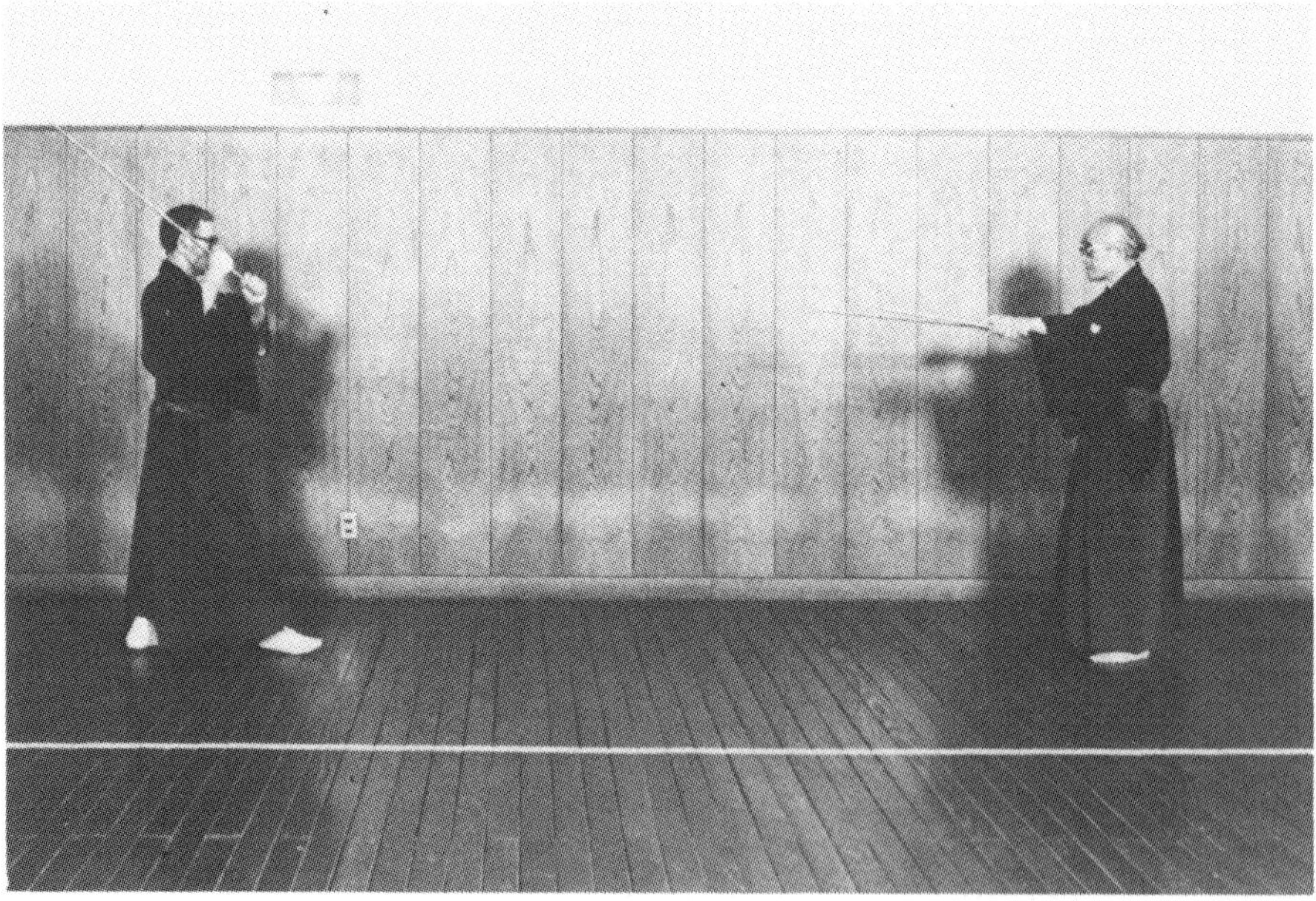

仕太刀進み始めたら、「ズーッ」と声を発し、
上段が終わるまで続ける。

歩み足で「ズーッ」と発声しながら
間合に進む

仕太刀上段にかぶる

仕太刀（上段から打つときは、足は左右に
少し開き、揃えて打つ）

歩み足で「ズーッ」と発声しながら
間合に進む

二本目　上段　義談の構

仕太刀の打ち失敗の後、待機と打ち払いを練習するのが中心である。

義談は談判と解し、構は戦か和かの瀬戸ぎわの姿勢であり、それが破裂して、一拍子の打ちとなる。

仕太刀　上段義談の構
（右手の拳は口元に持ってくる）

仕太刀　（中段の構を横から見たところ）

打太刀　八相の構　（刃は内側を向いている）

立ち上がりの間合から間に進む

打太刀の歩速は仕太刀と同様である

打太刀の太刀を打ち終わって「ターン」と発声する

仕太刀を突くのは、右足を一歩後方に引き、
再び一歩前に出して突く

打太刀・仕太刀を右足前で突く

三本目　下段　水形

（仕太刀両刀を下げ下段に構える）

三本目　下段　水形の構

仕太刀の主練習は、両刀受け、右斜め切りを中心にしてある。

水の流れのごとく、ものに当たり自然に避けて流れるよう、太刀を受け流して切ることを教えている。

仕太刀（下段の構を横から見たところ）

打太刀（横から見たところ）

打太刀も仕太刀の下段に合わせ、
柄を脇にかかえ下段に構える

打太刀は太刀を上げながら間合に接する

打太刀が打ってくる太刀を組んで受けとる

打太刀の打ち落とすのを見て、左に受け流す

仕太刀左に受け流す

上段に構える

上段から切り落とす

四本目　左脇構　重機

仕太刀左脇構

（上が詰まり、右が詰まっているときの構）

四本目　左脇　重機の構

仕太刀は、片手受け、筋かい斜め左切りの練習を主としたもの。
重機は頭上に支障物があり、太刀を上に振れないので左脇構になるのである。

仕太刀　左脇構をななめから見たところ

仕太刀 左脇構を横から見たところ

互いに構えて間合に接する

打太刀の打ってくるのを受ける

仕太刀受け方を早くするからといって、太刀の
上げ方も早くなるのはよくない

仕太刀　打太刀の打ちを受けとめたところ

受け終わって太刀をとめ、左肩の上でのの字に廻して

右へゆるやかに打ちこむと、緩急調和して、よく筋かいに
切ることができる

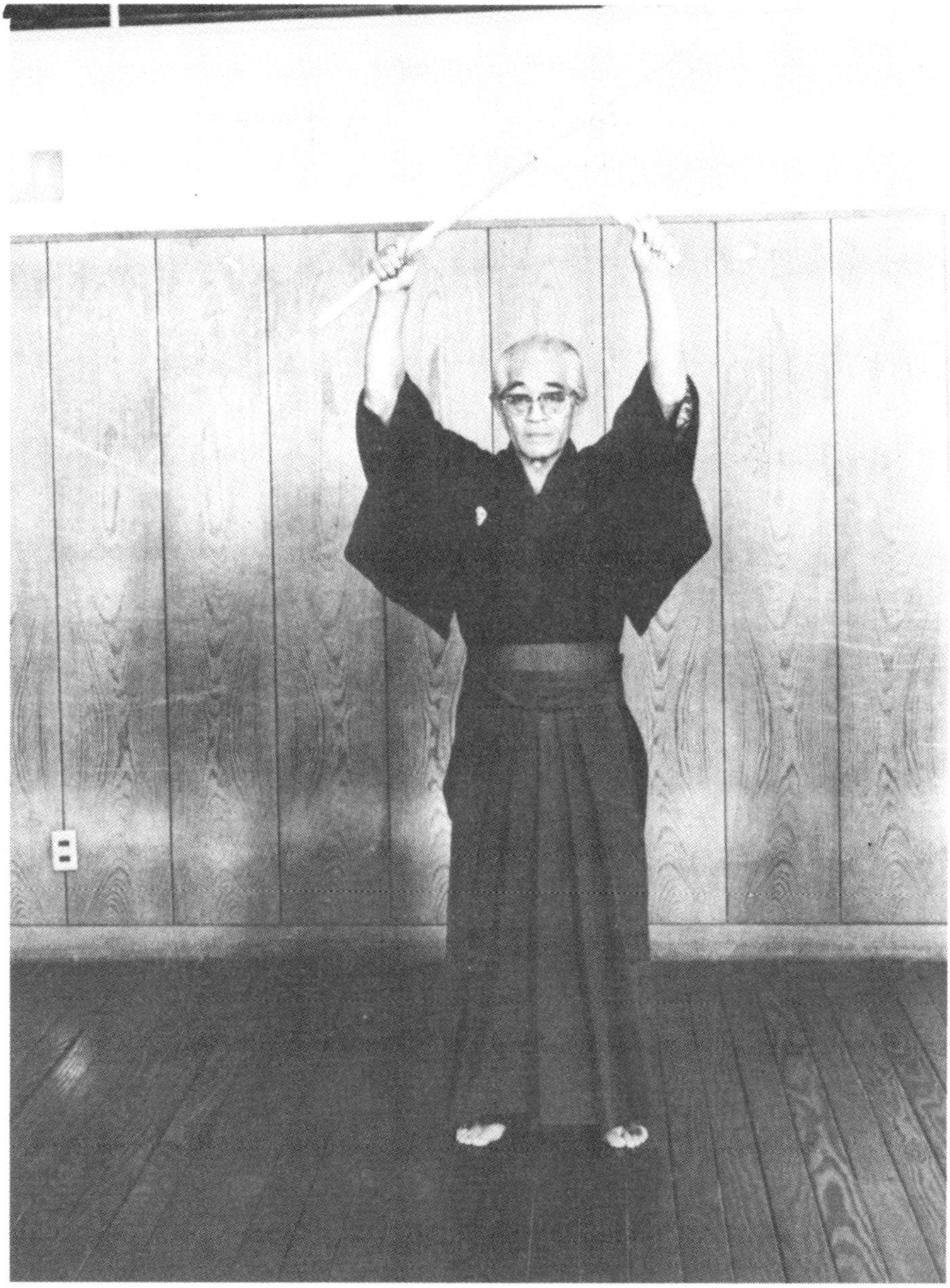

仕太刀　太刀を上げて組む

仕太刀　落ち打として切る

五本目　右脇　右直の構

仕太刀は、筋かい上げ、早切りを主とした練習である。

五本目　右脇構　右直　仕太刀右脇構

（右脇構は、上、右が詰まっているときの構）

仕太刀　右脇構を横から見たところ

仕太刀 右脇構

立ち上がりの間合から互いに進む

仕太刀が進み、太刀を上げようとするとき
打太刀は両手を開いて上げ大きく後退する

打太刀の面を突くように進む

仕太刀突き進んだところ

大太刀が小太刀の高さにきたとき、大小両刀を後ろに引き、太刀先を大きく外側に廻してあげる

仕太刀右肱を斜めに少し下げて引き、太刀先を廻して
上段に上げる

上段から切り落とす

打太刀 打ってくるのを左で受け右で切る

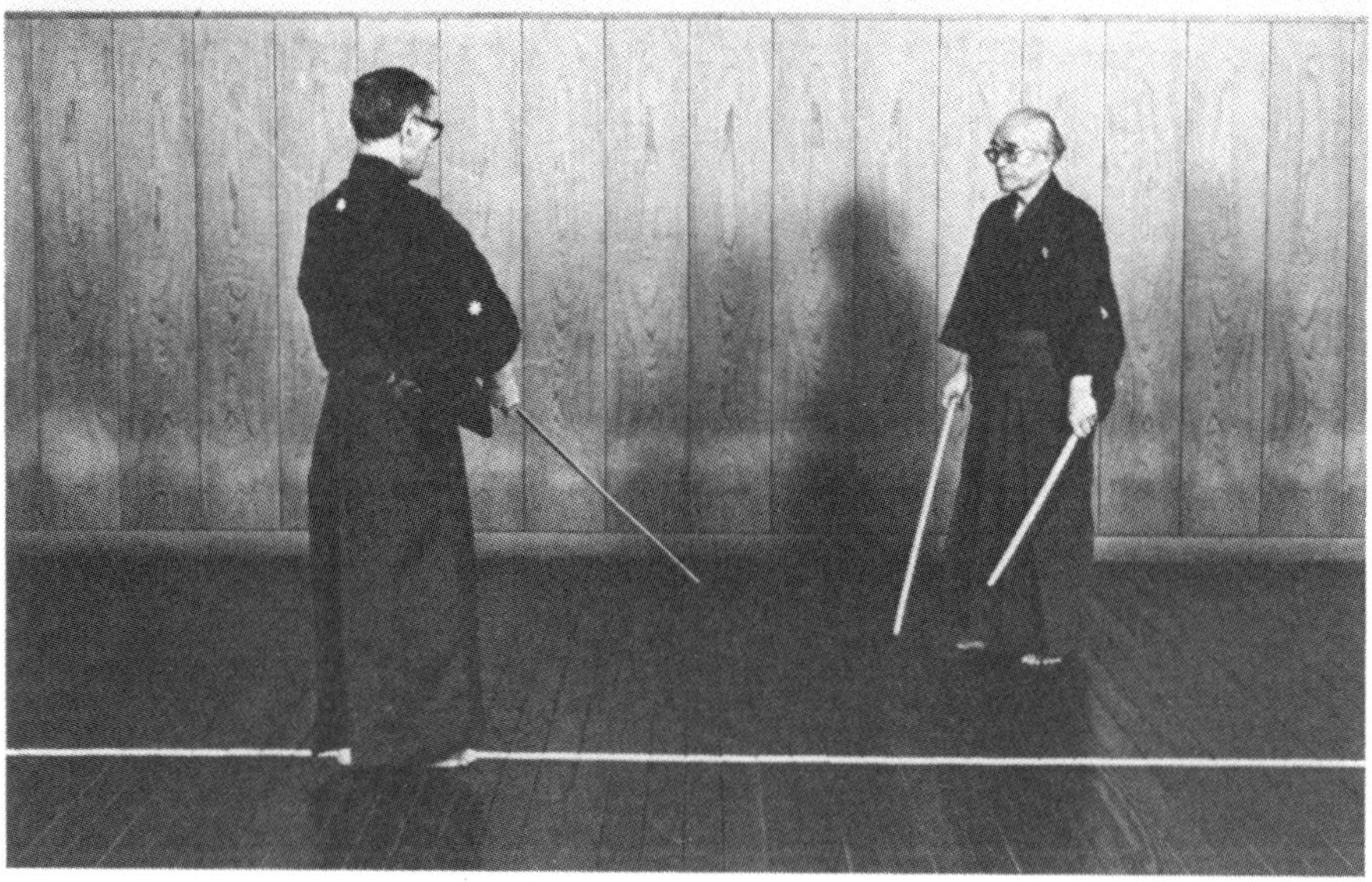

江戸時代後期は，町道場も多く開かれた

剣道の流派の成立

日本の剣道の歴史の中で、剣術が実戦の場（戦場）の技術だけにとどまらず、その経験・体験を生かして理論体系にまとめられた時代に、流派の成立をみることができる。

室町時代、念阿弥慈恩の念流、中条兵庫頭長秀の中条流、飯篠長威斎家直の香取神道流、愛洲移香の陰流、松本備前守政信の鹿島神陰流、塚原卜伝の新当流、上泉伊勢守秀綱の新陰流など、多くの流派剣術が現れた。

さらに戦国時代から、徳川時代の初期にかけては、これらの流派に影響され、分化されて一流派を創設する流派時代を迎えるのである。

柳生新陰流、二天一流、一刀流、示現流、タイ捨流、馬庭念流などは代表的な流派であるが、流派剣道はその数二百とも、三百とも言われるぐらい隆盛を極めた。

江戸中期は、泰平の世とともに流派剣道はやや衰えるが、江戸後期になると、武道の奨励もあり、また盛んになり、受け継がれてゆくのである。

これらは、現在でも受け継がれているものもあるが、現代剣道に対して、古流と呼ばれている。

二天一流の特徴

二天一流の過程

武蔵先生の生涯を六十二歳とすれば、その誕生は天正十二年で、家康が小牧長久手に秀吉を破り、肥後では御船の甲斐宗運が、天正十一年に死に、島津義久が肥後に侵入し**上益城郡花山城**に第一歩を印した剣戟の中に産の一声をあげた翌年である。

佐々木小次郎と先生の試合は、先生の二十九歳のときで、男子の勝負年齢の頂点のときであった。相撲や柔道その他全身をもって勝負を争うのには、精神・体力・技術・勝負勘など勝負要素を総合して発揮できるのはこの年齢のころが普通峠で、先生のそれから先の勝負はなかったようである。

先生には両親が幼くしてなかったが、両親のない孤独のなかには、厳しく淋しいものがあったに違いなく、その淋しさのなかから勝負時の勇猛心が湧き、異常な闘魂が爆発したものといえよう。

慶長九年二十一歳で京都に出て、吉岡一門と試合し、兄の清十郎を一撃で倒し、弟伝七郎が持ってい木太刀を奪って打ち、絶息させた。

清十郎の子又七郎は、弱年で門人百数十人に守られ、京都の東北一乗寺下り松で勝負したが、これまた武蔵に切り殺されてしまったとされている。

巌流島の小次郎との戦いは、先生二十九歳、小次郎十八歳と俗説にあるが、十八歳で一藩の師範であるとは受けとれない話である。

五輪書によると、先生は三十歳を超え、過去を反省し、それまでは勝負に青春をかけて来たが、やたらに人に勝つだけが剣道ではないことを悟り、勝負には時の運ということもある。

兵法至極して勝ったのでなければ、本当に勝ったとはいえないと気づき、「その後鍛練して兵法の道に合うこと、我五十歳のことなり」と書いている。

先生は、寛永十一年五十一歳のとき、養子伊織を伴って小倉に入った。この年の十一月には、日本三大仇討の一つ、荒木又衛門が、渡辺数馬を助けて、伊賀越に河合又五郎を討った年で、このころ、世にはこの種の殺戮事件のあったことがわかる。

先生も定めしこれを知って、髀肉の歎があったことであろう。そのときの先生は、最早真剣勝負をする年齢ではなく、剣の道を教える一方、就職によって将来の生活安定を求めていたときで、小倉藩主小笠原忠真の軍に属して、島原の役に出陣し、その後五十七歳のときに細川忠利の知遇を得て、熊本に入り、千葉城趾北麓に居住した。これから落ちつき、過去生死の間に収穫した剣の道を門下に教え、あるいはその経験をまとめて、記録の準備にかかられたのであろう。

熊本到着の翌年、寛永十八年二月忠利公の求めに応じられて、兵法三十五箇条を提出した。これは後年の五輪書の要綱を書いたものである。

それにはじめて流名を二天一流と発表したもので、それまでは円明流（えんみょうりゅう）で通ったものと思われる。

その門人には、家老長岡・澤村両家の閥族をはじめ、千人の門人があったというから、高弟寺尾家以外にも、師範格の人があったことは疑う余地はない。寺尾一族が二天一流の師範を専有したのは、禄高千五百石の名門であったため、その威勢に遠慮し、他の剣客が師範を名乗って門人を集めて教えなかったものと思われる。

野田派の先師村上正雄が、優秀な技能をもちながら、迫害されたような友成正信の怪文書は、その一端を窺《うかが》い知ることができる。

武蔵先生は、正保二年五月十九日死去された。そのときの辞世は、「実相円満之兵法逝去不絶」で、これは小倉碑文の末尾にあるが、その眞筆は熊本にある。

主語のない文であるが、「兵法者武蔵は死んだが、自分の剣道の実相は円満なもので、自分は逝去しても、この精神は受け継ぐ人があって絶えない」と解している。

二天記と同時代に書かれた兵法大祖武州信玄公伝に、死因は咽喉の病とあるが、何の病名であるかわからない。結核か癌が咽喉を冒したのかもしれないが、それは臆測であるにすぎない。

先生が熊本に来られたときは、幾分健康を害しておられた様子で、寛永十七年二月入国のとき、坂崎内膳宛の書面に、「其上近年病者に成候へば何ぞ望も無御座候」とあるから、なんらかの持病があったのではあるまいか。

それから五年目死去一週間前、既に死を知ってか、独行道と五輪書を寺尾勝延に、三十五箇条を寺尾信行に遺され、自身は遺言により宇留毛の武蔵塚に葬られた。

（以上覚書より）

能のような動作

二天一流の形は、拝見したものの感想として、能のようだとよくいわれる。今の剣道形のように、エイッ、ヤーッと切るようなことはない。その掛け声も、「ズー、タン、ヘッタイ」という、三つの声があり、普通あまり聞きなれないものである。

二天一流の掛け声

「ズー、タン、ヘッタイ」という三つの掛け声で、相手を制圧してゆく、これは残心を示したもので、「ズー」と行くというのは、ちょうど春の草が伸びると同じように、道を教える場合、ズーッと行ってからという。

剣道はズーッと行ってから、途中に留まることなく、ズーッと相手を気で制圧してゆくと。形の一本目は、相手は長刀を打ち落としにくるわけである。

それをかわして乗る、かわして乗る、このような気持ちでゆくということが、無形のなかにある。打ち込んでも当たらないようになるから、ズーッと行く。

初心者に教える場合は、かわして乗る、相手の剣の上に乗ってゆくという気力で向かう。ズーッと押さえると、相手が動きがとれないようになる。

ちょうど猫がねずみを、隅に追い込んだ状態、そこまでいったら、ゆっくり切っても、相手はもう逃げられない。気で相手を制圧するのである。

形でなく、気で相手を制圧するのが武蔵先生の骨子で、頭上満々、脚下満々気の満ち満ちたものを教えておられる。

自分は、晴眼に構えて正中線につけている。ここで相

柳生宗矩《むねのり》と沢庵《たくあん》の『不動智神妙録《ふどうちしんみょうろく》』

柳生但馬守宗矩は、将軍家兵法師範であったが、柳生の兵法の完成には、沢庵の影響が大きいと言われている。宗矩と沢庵は若い頃から親交があったが、沢庵は京都の大徳寺において禅の修行を積んだ禅宗の坊さんである。

この沢庵が著わした『不動智神妙録』は、宮本武蔵の『五輪書』とともに、江戸時代初期における剣の名著と言われている。

不動智神妙録は、禅の立場から兵法の極意を述べたもので、宗矩に与えられたものである。

不動智は、無明住地煩悩、諸仏不動智、理之修行事之修行、間不容髪、石火之機、心の置き処、本心妄心、有心無心など、各項目ごとに剣の心の在り方を細かく説明しているものである。

ちょうど、沢庵がこの不動智神妙録を宗矩に与えたときに、宗矩は『兵法家伝書』をまとめているときと言われ、この不動智が、兵法家伝書に重要な役割を果たした。

兵法家伝書は殺人剣、活人剣がその中心を成し、禅の立場によって剣の技法、理法が述べられていて、兵法の目標を修身・治国・平天下に求めているものである。

手が無理して打って来たら、相手の非を、出るのをとがめるというのが剣道である。

　相手が、いかさまなことで打とうとするところをとがめるわけだが、自分のほうから先に跳び込んでゆくような傾向が、現在の剣道にはある。

　技術を学ぶ時代は、その段階もあるかもしれないが、だんだん剣道で技術を使えるようになったら、すぐ跳んで行って切りまくるのではなしに、自分に対して危害を加えに来るものに対して、どうするかが、剣道の本質であることを知るべきである。

形は仕太刀が主体

　剣道は受けて立たなければならないが、二天一流も剣道の形と同じく、仕太刀が主体である。

　打太刀は打って来るから、仕太刀がこう来るならこうする、こう来るならこういくと、打太刀はただ打ってやる。

　剣道も、打太刀から入ったものが、その気心がわかれば、こう打って来るときは、こういう受け方があるのだという仕太刀の心がわかってくる。

　相手に対して危害を加えずに、相手を制するというのが、剣道の本来のいき方である。二天一流の武蔵先生の考え方はそこにあり、今の剣道と較べると打てということになってしまって、これは道として考えなければならないところがある。

二天一流は二刀流ではない

　二天一流は二刀を持っているために、二刀流だと受けとられることが多い。普通十中八・九までは二刀流というように受けとられている。

　武蔵は二天一流だから、二刀流だというが、「左手さしたることなし」といっている。これは、左手はただ添え

二天一流は二刀流ではない

て持っているだけである。右で切るということを訓練しておかないと、小道を走る場合も、沼地を行く場合でも、結局左手は使えないわけである。

右手で太刀を持っていて、右手が無くなれば左を使わなければならない。そのとき、左ではかなわないので駄目だというわけにはいかない。

武士の子として生まれたなら、右と左は両手とも使えるようにしなければならない。これが二天一流の二刀を使う原理である。

二刀持っている、左右二刀を強めるということで、一般的に二刀流という考え方に間違えられやすい。しかし、本来は一刀、二天一流は一刀である。一刀の精神を教えているものである。

私が二天一流の話をすると、ほとんどが武蔵は二刀流でしょう。二刀を使う原理があるはずだとの質問があるが、しかし、二天一流の形には、片方で押さえて、片方で打つという両手を使ったものはない。皆片手である。

その誤解は、解いてもらいたいものである。全国の人たちが、宮本武蔵の二天一流は二刀流だと直訳して、二刀で向かうのが二天一流だとしている。

五輪書でも、二天一流は二刀でやるのでなしに、片手剣法であるということは、はっきり明記してある。

●新陰流の祖

上泉《かみいずみ》伊勢守《いせのかみ》秀綱《ひでつな》

上泉伊勢守秀綱は、武蔵の生きた同時代の人ではないが、柳生石舟斎宗厳、宝蔵院覚禅房法印胤栄、丸目蔵人佐徹斎など、武蔵の時代の剣豪に新陰流の兵法を教えた、新陰流の祖として知られている。

永正五年（一五〇八）上州上泉、現在の前橋市上泉に生まれた。父は武蔵守秀綱である。

室町時代末期の下剋上、群雄割拠の時代、大名領の形成が行われた、いわゆる戦国時代に、管領上杉憲政の配下にあった。父の後を継いで、四十八歳のとき大胡城主になった。

秀綱は大胡城主として、上杉との盟約のもとに、何回か戦闘に加わって武運を立てた。

永禄六年（一五六三）武田信玄が箕輪城を攻め、長野信濃守業正の嫡子、城主業盛の戦死、落城の後、秀綱は家臣とともに武田軍に編入されたが、兵法の修行のために、信玄の重用をふり切って、諸国廻遊に出た。

このときから、武将としての生き方から、剣の修行と求道者としての生き方が始まる。

遍歴の途中、京の胤栄を訪ね、柳生宗厳とも会って、兵法を教えている。その後、柳生宗厳、胤栄、丸目蔵人などに印可を授けている。新陰流無刀取りの極意は、宗厳から宗矩、十兵衛に受け継がれ、徳川将軍の兵法としてとり入れられた。

二天一流の系譜

村上派の系統

私が継いでいる二天一流は村上派であるが、村上派という系統が、系統としてはいい形である。

それは、寺尾求馬之助信行の五男で、新免弁之助から村上平内に流れているもので、武技そのものが素晴しいものの代表である。

十四代の指田次郎先生、十五代古賀徳孝先生は亡くなり、十六代の志岐太一郎先生は、国家公務員であるため転勤が多く、形を稽古をするには、相手が必要になる。相手がいないため、一人でできなくなってしまった。

そのことを心配して、十四代の指田先生がぜひ熊本に二天一流を残したい。それには熊本の剣道連盟に継いでもらうのがいいと、先ず実習からと私が初代の担当者になった。

それを勉強して、現在剣道連盟が、その理事長が主体になり、何代ということはいわずに、二天一流そのものを広めることは武蔵先生も喜ばれることであるから、と剣道連盟が継ぐことになったものである。

したがって、その継ぐ主旨は、公開して広めるということにあるので指田先生が、剣道連盟に渡されたものである。

指田先生から次のような伝書が、私宛に届けられた。

二天一流兵法皆伝

当流兵法御執心不浅
多年御鍛練に付一流之
奥儀御皆伝申上候事

一、二天一流兵法五輪之
記載之事項并に口伝
以上

流祖　新免武蔵藤原玄信
村上平内源正雄
村上平内源正勝
村上平内源正之
野田三郎兵衛平種信

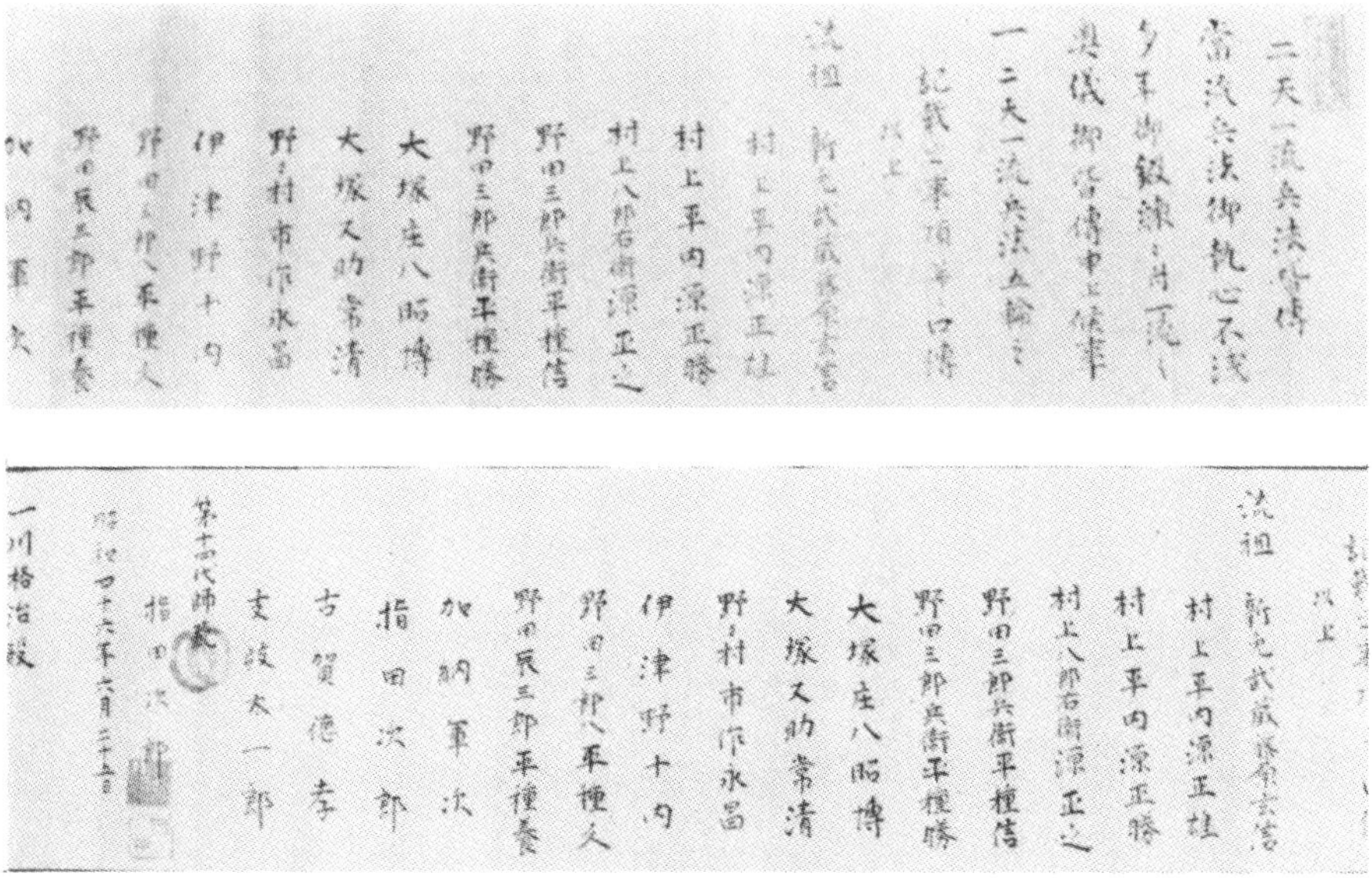

二天一流の伝書

野田三郎兵衛平種勝
大塚庄八昭博
大塚又助常清
野々村市作永昌
伊津野十内
野田三郎八平種久
野田辰三郎平種養
加納軍次
指田次郎
古賀徳孝
志岐太一郎

第十四代師範
指田次郎

昭和四十六年六月二十五日

一川格治殿

この間の事情を指田先生の覚書はこう伝えている。

指田先生の覚書

昭和三十九年十二月、野田派二天一流を熊本県剣道連盟に保存を依託することを、第十四代師範指田次郎と、連盟会長除野康雄との間に契約された。その理由は次の通りである。

一、野田派の昨今　明治の初期には、熊本の四師範家は旧藩時代の居住地に居たが、各家の師範が逝去した後は、その地を離れ、その子弟で伝統を継ぐものはなく今日、寺尾、山尾、山東の三家は子孫なく、既に絶家し、今日野田家には、辰三郎の長男、当代文綱は再春荘に病を養い、一子良一は剣道の修得はなく、加納、指田、古賀、志岐が野田派の師範として、伝統を保持してきたが、当代志岐は県外にあって、帰国の期は望むべくもない。

二、野田派と郷土剣士　此流派を修得した明治からの故人剣士には、堀部直人、志水三郎、加納軍次、古賀栄信、鶴田三雄、高岡増弥、新田宗雄等多くの有名剣士があり、その他の剣士も野田派の伝統を保存することを念願しておられることは疑いない。

三、野田派の伝統遺品　野田家には、村上派五代種信、六代種勝、十一代三郎八、十二代辰三郎の四代師範にわたって伝承された、二天一流に関する書器物があり伝統を習う人の指針として昔と変わらない伝統を継承することが出来る。

四、二天一流保存の必要　剣聖宮本武蔵先生の遺剣は五輪書、並びに独行道の精神とともに、有形無形の剣道の眞髄であり、天下に誇るべき剣法であって、武蔵崇拝者の挙って欽慕する、天下唯一の剣形であるから熊本の剣士は保存する必要がある。

五、伝統を連盟に依託する必要　現代においては、二天一流はこれを一人一家の私有とするよりも、公器として、正確に熊本人の手によって保存すべきもので、剣道連盟において、広く此形を青年に普及、伝授して伝統精神、剣形書器物の保存の任に当ることが、最も良い措置と思われる。

右の理由を連盟役員は理解し、野田派二天一流保存会を設置し、規約を設け、伝統諸物は熊本城内にその保管を依託し、保存会には役員を設け、伝統の保存並びに養成に勤めている。

二天一流と少年剣士

現在、熊本においては、県立武道館で少年剣士百五十名ほどが、二天一流の形を稽古している。

また、県下各郡部においても指導をし、少年による二天一流の大会が開かれている。

二天一流の演武をする少年たち（熊本武道館）

●同時代の剣豪たち

疋《ひき》田《た》豊《ぶん》五郎《ごろう》

箕輪城落城後、武将としての自分を捨てて、剣の修行に出た上泉伊勢守秀綱は、愛弟子二人を連れていた。一人は疋田豊五郎であり、一人は神後伊豆守宗治である。時に永禄六年（一五六四）である。

神後伊豆は、上泉伊勢守の門人で剣がたった。疋田豊五郎もまた秀でていたが、槍術も優れていたという。

上泉一行は、京都から当時兵法家として知られている奈良宝蔵院に覚禅房胤栄を訪ねた。そこに柳生から宗厳も来て、試合をし宗厳を門弟とした。

さらに柳生に足をとどめていた。このときに、神後伊豆、疋田豊五郎も一緒であった。上泉伊勢守から印可を与えられた豊五郎は、単独に柳生を発って、修行に入っている。

田辺城主細川幽斎に仕え、また豊臣秀次に槍術を指南したとも言われている。

豊前中津に移封された細川家に仕えて、修行をまとめた廻遊記を細川幽斎に奉じている。

豊五郎は、剣だけでなく、槍術の一流派も開いている。その死には不明な点が多い。

二天一流を修練して

私自身が、この二天一流を修練することによって得たものは、剣の使い方が柔らかくなったことである。形そのものが柔らかいので、自然と一刀を持った場合も柔らかい。

とくに今の剣道などには手の内がないので、手の内を柔らかくするにはいいと思う。力を入れるところがなく、全く自然である。

たとえば棒等を立てて倒す。その遠心力の作用で、地面に近くなれば自然に早くなってゆく、あの原理である。下にゆけばゆくほど棒の重さで、早くスポッとゆく。力を加えないというところに、二天一流の形の妙味がある。

この形は、二天一流では刀は用いない。打太刀を見ると、刀は立てていない。刃は内側を向いている。このことも疑問になっていろいろ調べてみた。

指田先生の説で聞いたところ、打太刀は刀ではないという感覚である。あれは棒でも何でもいいと。とにかく相手が武器や太刀をたたき落としに来るので、刀でなくてもいいんだということである。何でもいいのだということである。

それに対して、二天一流というのは、仕太刀を育てあげるという稽古であるから、打太刀はいうならアクセサリーである。

仕太刀をうまくこなしてゆくというのが生命になるわけである。相手を気で追い詰めて、掛け声と同時に、グーの音もいわせない。猫がねずみを追うとき、ズーッと行くそれとよく似ている。

その間、少しも心のゆるみがない。ズーッと行って相手を制圧して、隅に持ち込んだなら、切るのはいつでもゆっくり切れるという、急ぐことはないのだという理念である。

一面で、武蔵の剣道は気の剣道といわれる。円明流時代からいわれているが、名古屋で柳生兵庫と道ですれ違ったときの話が伝わっている。お互いに挨拶もかわさなかったが、兵庫は、あれは武蔵だろうといい、武蔵はあれは柳生兵庫であろうと見抜いたという。聖は聖を知るで、柳生と知って通った、それは相抜けだという話が残っている。そこで武蔵は仕官したいと話すと、殿様は非常に気に入って、是非武蔵を採用しようということになった。

そのとき、柳生兵庫に意見を聞いてみようと聞くと、柳生兵庫は、答えて曰く、武蔵は確かに強いと。しかしあの気の強さというのは、万人が勉強してもまねできるものではないといった。

切角教えても、修得することができないような気なら、師範としては役に立たないのではないかと進言した。それなら雇わないと言うことになったという。

もともと武蔵先生の剣は、頭上満々、脚下満々であり気を錬り気を鍛えることであった気力というものを主体にした剣であった。形だけの技術の修得より、気力を重視した剣であったのである。

現在の剣道では、技と気は車の両輪の如きものであり、技を錬成すれば気力を生じ気力を鍛練すれば技法が進歩すると教えているが、武蔵先生はその時代からすでに、気力が主体であって、技は従だといっているのである。

二天一流十三代の加納先生と、古閑栄信先生が、天覧に供されたことがあったが、物静かで、剣の形というのは、ヤーッという声を出して相手をたたくという形が普通であるというのに、全然逆であった。

掛け声もズーッ、タン、ヘッタイというような掛け声で、何か他の形とは開きのある形であった。また能を見るような演技であったと聞いている。

二天一流を修練してみて、剣道では七段か八段ぐらいにならないと、あの理合はわからないと思う。

形は簡単なようだが、内容は非常に深い。しかも、精神的な充実面からいっても、これだけ内容のあるものは珍しい。

剣道でもよく、残心、残心といっているが、二天一流には自然に心から出た残心がある。二天一流は油断のできないような仕組みになっている。その点を修練するとよい。

形だけでも役立つと思うものがいるかもしれないが、この形を修練することにより技法だけでなく、心法の分野に入ることができるのである。

歩いているうちに、相手の全姿を心に映しとるということを、明鏡止水というが、相手の動作を心に映しとるということが、武道では絶対に必要なことである。

静かに歩いているうちに、自然に相手の挙動をずっと胸に映しとってゆくという習慣が、二天一流を修練することによって理解できてくるものである。

昔から流れている武の道という流れ、その流れを途中で切ってしまったら、日本の剣道は何も残らないものになってしまう。

第2章

武蔵の剣技と精神

『五輪書』から学ぶ

体験から得たもの

五輪書は武蔵先生が、具体的な体験から得た剣の操方を示したものである。

そういう意味では、またとない剣道教本ということができる。

沢庵《たくあん》禅師が、柳生但馬守宗矩《やぎゅうたじまのかみむねのり》に贈った「不動智神妙録《ふどうちしんみょうろく》」などは、沢庵が禅の僧侶であったことから、剣道の剣技について具体的に述べたものは何もない。心の問題だけである。

武蔵先生の場合は、死線で自分を鍛え上げた体験から出た兵法、内容的には大の兵法、小の兵法、剣をとった場合と、部隊と部隊との試合というものを、兼ね合せて説いている。

また、武蔵先生の性格からも来ていると思うが、五輪書では何でも明けすけで、さらけ出している。武芸の極意は山に登るのと同じで、奥というものはない、向うからすれば登り口で、こちらからすると奥になるなどとなる。

武芸の極意は奥のなかに仕舞い込むことはない、とおおつぴらにひろげ出して、ただこうして示しておくが、極意はあなた自身の朝鍛夕練、努力によってのみ、自らの心で開発する技であるから、鍛練しなさいとすべての項目で結んでいる。

徳川の寛永時代、儒教、儒学が学問の中心であったか、武蔵先生はそういうものや詩などもよく読んでいることがわかる。

そのなかから、自分の流派の指針となるものを引用して活用していることから見ると、この人は勉強しているとつくづく感銘を受ける。

たとえば、長恨歌のなかの「春風桃李花開夜　秋霜梧桐葉落時」など、この文句は実に名文句である。武蔵先生の愛誦の句である。

武蔵の人間性が伺えるところで、人間というのは、生まれたら必ず死ぬのだという表現を、花にたとえて、「春になれば花が咲き、秋になれば落ちる、それが自然の道理である」と述べている。人間というのは、やはり自然の道理の天則に従わなければならないということである。

人間は年を経てくると、一度は死ななければならない。死期が近まるにつけて、天則に従うという考え方が、自然にできるようになってくる。それを実に上手に表現している。

剣道の拍子について

兵法の拍子の事、物毎に付、拍子は有物なれども、とりわき兵法の拍子、鍛練なくては及がたき所也、世の中の拍子あはれてある事、亂舞の道、れい人管絃の拍子など、是皆よくあふ所のろくなる拍子也、武藝の道にわたつて、弓を射、鐵炮を放、馬にのる事迄も、拍子調子はあり、諸藝諸能に至ても、拍子をそむく事は有べからず、又空なる事におゐても拍子はあり、武士の身の上にして、奉公に身をしあぐる拍子、しさぐる拍子、筈のあふ拍子、筈のちがふ拍子あり、或は商の道、分限になる拍子、分限にてもその たゆる拍子、道〱につけて拍子の相違有事也、物毎のさかゆる拍子、おとろふる拍子、能々分別すべし、兵法の拍子におゐて様々有事也、先あふ拍子をしつて、

人間は自然の道理の天則に従わねばならない

ちがふ拍子をわきまへ、大小遅速の拍子の中にも、あたる拍子をしり、間の拍子をしり、背く拍子をしる事、兵法の専也子、此そむく拍子わきまへ得ずしては、兵法たしかならざる事也、兵法の戦に、其敵〳〵の拍子をしり、敵のおもひよらざる拍子をもつて、空の拍子を智恵の拍子より発して勝所也、いづれの巻にも拍子の事を専書記也、其書付の吟味をして、能々鍛練有べき物也、

武蔵先生は、剣法の拍子については、一拍子ということを基準にしている。一拍子がわかったら、全体の拍子もわかってくる。そして、だんだんそれに囚《とら》われることなく、後は無拍子にならなければならないといっている。

無拍子ということは、拍子のないことに意味づけられるが、拍子を心得た上で、無心に行われる場合を無拍子というのであると解釈している。

剣道を指導する場合の拍子は、二拍子とか、三拍子でやっている。一・二・三は三拍子。一・二が二拍子である。

それを、あまり早く振ろうとすると、手足の拍子が合わなくなる。気・剣・体の一致で、拍子は手の拍子、身体全体、心全体がともなわないといけない。だから、基本の拍子は一拍子である。

一拍子から入っていって、二段打ち、三段打ちという心構えと、切った後の残心、こういうものを総合して拍子というものは、いちばん重要な問題ということができる。

乱舞の道というのが出てくるが、ここでは、さまざまな拍子を挙げておられるが、乱舞というのは能のことで、鼓《つづみ》・謡が早ければ、舞がそれに合わせようとしても拍子が合わない。

拍子は早ければよいということではない。刀の操作で言えば、刀は振りよきように振ることが、大切である。また、馬に乗るときの拍子、弓を射るときの拍子、鉄砲を打つときの拍子など幅広いところから考えて、剣道の拍子を教えている。

理屈はそういうことだ、しかし、それはあなたが鍛練することによってのみ得られることなので、鍛練しなければならないといっている。

心の持ち方について

兵法心持の事、兵法の道におゐて、心の持やうは、常の心に替る事なかれ、常にも、兵法の時にも、少もかはらずして、心を廣く直にして、きつくひつぱらず、

少もたるまず、心のかたよらぬやうに、心をまん中におきて、心を静にゆるがせて、其ゆるぎのせつなも、ゆるぎやまぬやうに、能々吟味すべし、静なる時も心は静かならず、何とはやき時も心は少もはやからず、心は體につれず、體は心につれず、心に用心して、身には用心をせず、心のたらぬ事なくして、心を少もあまらせず、うへの心はよはくとも、そこの心をつよく、心を人に見わけられざるやうにして、少身なるものは、心に大きなる事を残らずしり、大身なるものは、心にちいさき事を能しりて、大身も少身も、心を直にして、我身のひいきをせざるやうに心をもつ事肝要也、心の内にごらず、廣くして、ひろき所へ智恵を置べき也、智恵も心もひたとみがく事専也、智恵をとぎ、天下の利非をわきまへ、物毎の善悪をしり、よろづの藝能、其道々をわたり、世間の人にすこしもだまされざるやうにして後、兵法の智恵となる心也、兵法の智恵におゐて、とりわきちがふ事有もの也、戦の場萬事せはしき時なりとも、兵法の道理をきわめ、うごきな

●同時代の剣豪たち

柳生但馬守宗厳《やぎゅうたじまのかみむねよし》

柳生但馬守宗厳は、享禄二年（一五二九）大和柳生庄で、美作守家厳の長男として生まれた。

永禄六年（一五六三）、箕輪城落城の後、剣の修行に出て上洛した上泉伊勢守秀綱と会い、新陰流兵法を伝授された。宗厳三十六歳のときと言う。

秀綱は、このとき柳生の庄に足をとどめ、宗厳を自分の兵法の後継者と見込んで、「無刀にて勝ちを制する術」の工夫を依頼して、再会を約し柳生を去った。

永禄八年（一五六五）、再び柳生を訪れた秀綱は、宗厳の研究に感心し、一国一人の印可を授けた。宗厳三十七歳のときであった。

宗厳は、柳生にあって、伝授の新陰流剣法をさらに修行した。新陰流は宗厳によって受け継がれ、無刀取りを完成したので、柳生新陰流と呼ばれている。

文禄四年（一五九四）、宗厳六十五歳のとき、宗矩をともない、京都で徳川家康と会い、剣術を上覧に供した。家康は、宗厳を師として召抱えようとしたが、宗厳は子の宗矩を推し、宗矩は将軍に仕えるようになった。慶長五年（一六〇〇）、関が原の戦いに宗矩は家康の下臣として戦った。

宗厳には五男六女の子がいたが、五男宗矩がその道統を継ぎ、家光の兵法師範として江戸に出仕した。

宗矩の長男十兵衛、三男宗冬、その子宗在と続く柳生を江戸柳生と言う。

き心能々吟味すべし、

心のもち様については、朝起きて、夜寝るまで、常の心、普段生活している場合の心が大切であるとしている。武蔵先生の場合は、朝起きてから夜寝るまで、また寝ても心の油断というものがない人であった。

平常心という常の心は、鍛練し、仕上げた非常に研ぎ澄まされた心の状態であるわけである。

平常心というのは、ふつうの心構えだということでなしに、鍛えて鍛えて鍛え上げた心、それが平常心で、いちばんわかりやすいようで、最もわかりにくい問題である。

昔、中国の趙州（ちょうしゅう）が、師匠に道とは何かと問うた。師匠の南泉は、**平常心是道。普通の心構えがとりもなおさず道であると答えている。**

それなら道というのは、どのように修行したらよいかと。道を修行するというような道ではない。それは、日常生活の全部を通じての人間の歩む道だから、特別にこうせよという方法は、道の修行にはない。

ただ、しかし朝起きてから夜寝るまで、自分の生活を正しくすることが道であって、平常心につながるものである、と趙州は説き聞かされる。

道というのは、「人の行く道を行けば春の山」という道もある。山に行くときには人が歩いているから、その後について行けば、結局桜の花の咲いている山に到達することができるものである。人生の道もまた同じである。

仏教における道というのは、四諦、苦集滅道がある。苦集滅道とは、人生は苦しみであり、苦しみが集ってくるところである。これを滅として道となすということである。この道を成す方法として八正道の実践がある。八正道とは、正見、正思、正語、正精進、座禅、禅定など、八項目を挙げて、これを実践することによって、この四諦を無くすることができると教えたものである。

これは仏教の道で、儒道においては誠の精神、天道というもの、仁義礼智信を実行することにおいては、誠の心をもって為し遂げてゆく、これが儒教の道であると説いている。

そして、平常心というこの道は、そういうものを根源にして、人間が生活しているなかに、自分の心をもって生活の指針としてゆける状態が、平常心であるということである。

自分を鍛えて、そして正しい人間というものを目ざしての修行の連続、これの最高のものが平常心である。

平常心というのは、そういう面から見ると、修行の一語に尽きる。武蔵先生も、一生涯を修行にあてられた先生であった。

姿勢について

　兵法の身なりの事、身のかゝり、顔はうつむかず、あをのかず、かたむかず、ひずまず、目をみださず、ひたいにしわをよせず、まゆあいにしわをよせて、目の玉うごかざるやうにして、またゝきをせぬやうにおもひて、目をすこしすくめるやうにして、うらやかに見ゆるかを、鼻すじ直にして、少おとがいを出す心なり、くびはうしろのすじを直に、うなじに力をいれて、肩より惣身はひとしく覺へ、兩のかたをさげ、脊すじをろくに、尻を出さず、ひざより足先まで力を入て、腰のかゞまざるやうに腹をはり、くさびをしむるといひて、脇差のさやに腹をもたせて、帯のくつろがざるやうに、くさびをしむると云おしへあり、惣而兵法の身におゐて、常の身を兵法の身とし、兵法の身をつねの身とする事肝要也、能々吟味すべし、

うなじを真直ぐにとあるが、うなじを伸ばせば、顎《あご》が引ける。この考え方は非常に微妙で、顎は出せと書いてある。そして、うなじは真直ぐに緊張しないということである。

　カーッとならないで緊張しているが、まだ形として緊張を出さない、自然体で在りのままの姿ということである。

　二天一流を行う場合、足は左か右どちらでもいいが、少し必ず後ろになる。

　このことは、小川忠太郎先生（剣道範士九段）を武蔵先生が五輪書を執筆された霊巌洞にご案内したときに、武蔵先生の二天一流の構えは、少し左が後ろに退がったり、右が退がったりという足の踏み方ですよと説明したところ、小川先生は感心されていた。

　それはいいことを聞きましたと、そういえば人間は、生まれて、いよいよ立つというときに、子どもは絶対に足を揃えては立たないと。

　少し、右足か左足を前にして立った、そのときの立ち方がまったく自然の立ち方で、これに武蔵先生が目を付けられて、足の踏み方を開発されたのだろうと解釈しますといわれた。

　そのうなじにしても、顎《あご》にしても、おとがいにしても、片方は伸ばし、片方は出せということは矛盾するように聞こえるが、それは人間の無理のない自然の姿である。

　剣道では、この自然体が必要で、我々が何の意識もな

く、起きて歩いているという状態がまったくの自然体で、自分というものが、どうして立っているのか、意識して立っている状態ではない。

何も考えずに立っているのが、無心の立ち方で、作って立つのは自然体ではない。

ふだんの生活の身が兵法の身であって、歩いているときの状態に、少し右足を前にして止まったその状態が、晴眼の構えなのである。

それが構えの基礎的なもので、それに力を加えたり、足を踏んばったりした構えは、自然体ではない。歩行する場合の足幅が基本なのである。

現在の剣道の姿勢は力みが多く、竹刀を握って相手をたたくということに主体がいってしまって、基本が崩れている。

足幅を広く、踏んばるから崩れるのである。これは大事な問題でこれが狂い出すと、剣道は駄目になってしまう。とにかく足の踏み方がいちばんの基本である。

ある先生の稽古を拝見すると、あまり足は広くない。相手を攻めて、左足がずっと右足の踵《かかと》まで寄ってくる。それから面に跳ぶわけだが、よくいわれるが、先生理屈はわかりますが、我々がやると、足を寄せて、相手が突いたとき、ひっくりかえることはありませんかと尋ねたことがあった。

絶対にそうならない。足を引きつけると同時に、気で

●同時代の剣豪たち

柳生但馬守宗矩《やぎゅうたじまのかみむねのり》

柳生但馬守宗矩は、新陰流の祖柳生但馬守宗厳の五男として、元亀二年(一五七一)柳生で生まれた。

宗厳には、厳勝、久斎、徳斎、宗俊の子供があったが、宗俊の子利厳は、尾張に移り尾張藩主徳川義直の兵法師範となり、尾張柳生の祖となった。

宗矩は、文禄五年(一五九六)頃から、徳川家康に仕えたが、関が原の戦いの功により、三千石を加増された。元和元年(一六一五)大阪冬の陣、夏の陣の功によって二千石加増され、将軍秀忠、家光の兵法師範として仕えた。

寛永六年(一六二九)、家光に新陰流兵法を印可し、兵法書を上呈した。

寛永十三年(一六三六)、四千石を加増され、一万石となって、大名にとり立てられた。

宗矩は、沢庵禅師と親交があり、その影響が大きかったと言われている。

宗矩は、兵法書を著しているが、とくに兵法家伝書は、殺人剣、活人剣を内容とし、自らの兵法観を述べている。剣の理想を、修身・治国・平天下に求めた。

宗矩には、十兵衛三厳、刑部少輔友矩、宗冬、義仙の四男があり、三厳が江戸柳生の二代目を、宗冬が三代目を継いでいる。七十六歳でその生涯を閉じた。

押しているので、相手に反撥する力はない。気で押して、「ズーッ」と引きつけたと同時に、「タン」といくのだと。

身体は無理せずに、相手に接近することができる。それが剣法ではないかと言われたが、まったくその通りである。ここが、剣道では最も大切なところなのである。

目付けについて

兵法の目付と云事、目の付やうは、大きに廣く付る目也、觀見二ツの事、觀の目つよく、見の目よはく、遠き所を近く見、ちかき所を遠く見る事兵法の専也、敵の太刀をしり、聊かも敵の太刀を見ずと云事、兵法の大事也、工夫有べし、此目付、ちいさき兵法にも、大きなる兵法にも、同じ事也、目の玉うごかずして、兩わきを見る事肝要也、かやうの事、いそがしき時俄にはわきまへがたし、此書付を覺へ、常住此目付になりて、何事にも目付のかわらざる所、能々吟味あるべきもの也、

柳生但馬守でも目は谷に付けよといっている。谷とは、第二関節である。目を谷に付けて、それが動くときは剣が動くのだといっている。

目の付けどころは、各流派によりいろいろある。武蔵先生の目付けというのは、三十五箇条を書き記した時代には相手の顔に付けろと。顔に付ければ、すべての物事は顔に表現されるから、相手の顔を見ていればよくわかるのだと指導している。

しかし、五輪書の時代は、それが変っている。目はどこにも付けてはいけないと。大きく広く真直ぐに見よと。一つの角度のなかに全部が入るような目付け、遠い山を見るような遠山の目付け、全般的に目に入るような目の付け方を指導している。

以上は見る目の付け方で、心の付け方は心眼というが、それが観見の目付けである。見は自分の肉眼で、視力で見る目であるが、観とは目から見たものを、心を通して判断するという深い見方である。

赤いものを赤とわかった。これは、武蔵先生がよくいわれた言葉である。意の心を弱く、心の心を強くと。意の心というのは、あの赤は共産党の旗か、鉄道員が振る旗かと心を通して見て、あれは鉄道員の振る旗だとわかった場合に、観の目付けになってゆくというものである。

瞬間的に目に映じたのは見の目付けで、それを心に通して見た場合に、正確なものが出てくる。それが観の目付けであると教えている。

肉眼だけで見るのではなく、肉眼で見たものを、心を

通して見る。すべての物事を判断する場合も、そのような目付けでやるのだといわれている。

剣道がだんだん深くなって来ないと、この目付けはできない。あの武蔵先生にしても、兵法三十五箇条を書かれたのは、寛永十八年、五輪書は寛永二十年、わずか二年間に、目の付け方が変ってゆくので、凡人ではなお難しい。目付けに変遷があるのが当り前である。

太刀（竹刀）の持ち方

太刀の持やうの事、太刀のとりやうは、大指ひとさしを浮る心にもち、たけ高指しめずゆるまず、くすしゆび小指をしむる心にして持也、手の内にはくつろぎのある事悪し、敵をきるものなりとおもひて太刀をとるべし、敵をきる時も手のうちにかわりなく、手のすくまざるやうに持べし、もし敵の太刀をはる事、うくる事、あたる事、おさゆる事ありとも、大ゆびひとさしゆびばかりを、少替る心にして、とにも角にもきるとおもひて、太刀をとるべし、ためしものなどきる時の手の内も、兵法にしてきる時の手のうちも、人をきると云手の内に替る事なし、惣而太刀にても、手にても、いつくとゆふ事をきらふ、いつくはしぬる手也、いつかざるはいきる手也、能々心得べきもの也、

太刀を持つときには、小指、薬指を非常に大事にしている。あとの三本は、軽く着ける。この軽く着けるというのが、なかなか難しいことで、ふつうは握り締めてしまう。

コウモリ傘を持ったような感じ、コウモリ傘の重さだけを支えている感じで、握り締めてはいけない。

太刀を持った場合、小指、薬指で、わずかに締めている。手の内というのは、太刀を柔らかく握って、相手がパンと打てば、それに応じるだけの力をいう。相手が四打てば、それに五で返す、六で打てば七で打つというような反応する力が出てこないといけない。力は、零《ゼロ》から十まで同じ力で握っているのではない。力は、零から十まで手の内に働くわけである。

「手の内にはくつろぎあること悪し」と書いている。やんわりと手を軽く着ける。人差指を伸ばして構えるのはいけない。

空がないように、ぴたりと着けておくのでは力は入らず、くつろがないような握り方でよくない。

重要なことは、握り方は刃筋の問題とも関係がある。

二天一流の刀の落とし方、あれが力を抜くという稽古をしていることになる。

如何に人間は右手の力が強すぎて、太刀の振り方を間違えているかということである。

足の使い方

足つかひの事、足のはこびやうの事、つまさきを少うけて、きびすをつよく踏べし、足つかいは、ことによりて大小遅速はありとも、常にあゆむがごとし、足に飛足、浮足、ふみすゆる足とて、是三ツきらふ足也、此道の大事にいはく、陰陽の足と云是肝心也、陰陽の足とは、片足ばかりうごかさぬもの也、きる時、引時、うくる時迄も、陰陽とて、右ひだり〳〵と踏足也、返々片足ふむ事有べからず、能々吟味すべきもの也、

武蔵先生の足づかいは、歩み足である。今の剣道は右足前で、左足後である。

武蔵先生のは、右足が前に出たら、今度は左足が出なければいけないといっている。歩むような足づかいである。あの時代に実戦から学んだ足づかいであるから、ほとんど野外や草原で、岩があったり、デコボコがあったりするところだったであろう。

現在の剣道のすり足では、とても戦いはできない。踏んばった、歩み足でなければ、できなかったと思う。

浮き足は、踵《かかと》を上げること、ふみすゆる足は、踵が着くことで、いずれも動きがにぶくなる。

あの時代に、足の踏み方あたりを分析されているということは、大変なことである。

無拍子になれば、足の踏み方などはどうでもいいことで、歩み足になってくるのだが、今の剣道からすると、左足は前に出してはいけないと指導をされているが、高段者になれば、足は自由に、そこに気・剣・体の一致があればどのような足の踏み方になろうと、こだわってはいけないと思う。

五つの構えについて

五方の構の事、五方のかまへは、上段、中段、下段、右のわきにかまゆる事、左のわきにかまゆる事、是五方也、構五ツにわかつといへども、皆人をきらん為也、構五ツより外はなし、いづれのかまへなりとも、かまゆるとおもはず、きる事なりとおもふべし、構の大小はことにより

利にしたがふべし、上中下は體の構也、兩わきはゆふの構也、右ひだりの構、うへのつまりて、わき一方つまりたる所などにての構也、右ひだりは所によりて分別あり、此道の大事にいはく、構のきわまりは中段と心得べし、中段、構の本意也、兵法大きにして見よ、中段は大将の座也、大将につきあと四段の構也、能々吟味すべし、

二天一流の構えは、上段、中段、下段、左脇構、右脇構と五つあり、それぞれ形は変っているが、その心は同じで、部屋の狭いところで刀を使う場合は、刀を振り上げて天井に届くようなところでは使えない。

そこで、左が詰まった場合は右の脇から、右が詰まったら左の脇からと、その刀の置き方は、その場所によって、まったく違ってくる。

その場次第で、五つの形が生まれてきたのである。狭いところか、高いところか、左が詰まった、右が詰まったという場では、左右の陰陽の構えを用いれば、自由に刀を使える。

構えは、そうしてあるのだということを教えているのである。これは固定した構えではない、右が詰まった場合、左が空いているようなことではいけない。

●同時代の剣豪たち

柳生兵庫助利厳《やぎゅうひょうごのすけとしよし》

柳生兵庫助利厳は、石舟斎の長男厳勝の二男として、天正十七年（一五七九）柳生で生まれた。

石舟斎の五男宗矩は、叔父になるわけで、ともに柳生で育っている。

兵庫助の父厳勝は、戦いで負傷し浪人として過ごしていたので、石舟斎は兵庫助に目をかけ、剣を教えた。

慶長十一年（一六〇六）、石舟斎は上泉秀綱から伝えられている秘書と刀を与え、兵庫助に印可を授けた。江戸に仕えている宗矩に与えなかった印可を先に与えている。兵庫助二十八歳のときである。

元和元年（一六一五）兵庫助三十七歳のとき、成瀬隼人正の推挙で、尾張の徳川義直に五百石で仕え、剣術の師範として、藩主義直に新陰流の印可を与えている。

柳生新陰流は、江戸にあり将軍に仕えた宗矩と、尾張の藩主に仕えた兵庫助とにより、それぞれ江戸柳生と、尾張柳生の系統に分かれる。

江戸柳生の祖は、宗矩であり、尾張柳生の祖は兵庫助である。したがって尾張柳生の系譜は、上泉秀綱、柳生宗厳、利厳、徳川義直、厳包と続いている。

尾張柳生の系譜は、現在まで続いて、柳生延春氏は第二十一世の宗家として道統を守っている。

その場に適合した構えは、その場を見て構えること。要はその構えの応用であるということである。また、中段の構えが攻めに適する最良の構えであると教えている。中段についで、他に四つがある。

構えあって構えなし

有」構無」構のおしへの事、有」構無」構と云は、太刀をかまゆると云事あるべき事にあらず、され共五方に置事あればかまへともなるべし、太刀は敵の縁により所により、けいきにしたがい、何れの方に置たりとも、其敵きりよきやうに持心也、上段も時に随ひ少さがる心なれば中段となり、中段を利により少あぐれば上段となる、下段もおりにふれ少あぐれば中段となる、両脇の構もくらいにより少中へ出せば、中段下段共なる心也、然によつて、構はありて構はなきと云利也、先太刀をとつては、いづれにしてなりとも、敵をきると云心也、若敵のきる太刀を受る、はる、あたる、ねばる、さわるなど云事あれども、みな敵をきる縁なり、心得べし、うくると思ひ、はると思ひ、あたるとおもひ、ねばるとおもひ、さわるとおもふによつて、きる事不足なるべし、何事もきる縁と思ふ事肝要也、能々吟味すべし、兵法大きにして人数だてと云も構也、みな合戦に勝縁なり、いつくと云事悪し、能々工夫すべし、

構えは、上段、中段、下段、左脇構、右脇構と五つあるが、それは、時と場所によって変えなければならない。何時もこの構えばかりでゆくわけでもなし、その場所次第ではいろいろ変化する。

構えというものはあるけれども、これは無いのと同じである。つまり、固定した構えというものに囚《とら》われるのはよくないということである。

武蔵先生の自画像（下段に構えている）などは、有構無構の構えを表わしていると思う。

構えは無いけれど、構えのなかを考えてみると、千変万化する、一つの変化の元になっている構えである。

二天一流の三本目（下段）の形は、相手の出方によって、それに応じてゆく。最後は横に切るということに帰着するわけであるが、相手を制圧する構え方というのは、その場に適合した構えということであるので、固定した構えはないというのが、有構無構の構えである。

刀の道筋（刃筋を立てる）

太刀の道と云事、太刀の道を知と云は、常に我さす刀をゆび二ツにてふる時も、道すじ能しりては自由にふるもの也、太刀をはやく振んとするによつて、太刀の道さがいてふりがたし、太刀はふりよき

程に静にふる心也、或扇、或小刀などつかふやうに、はやくふらんとおもふによつて、太刀の道ちがいてふりがたし、それは小刀きざみといひて、太刀にては人のきれざるもの也、太刀を打さげては、あげよき道へあげ、横にふりては、よこにもどり、よき道へもどし、いかにも大きにひぢをのべて、つよくふる事、是太刀の道也、我兵法の五ツのおもてをつかひ覚れば、太刀の道定りてふりよき所也、能々鍛錬すべし、

太刀というのは、二本指で操作できるということを書いている。

太刀を使うのに、いかにいらざる力が入っているか、力が入ってはいけないのである。刃筋を通すことが刀の道なのである。

刀の道を踏まえなければ、刀を折角差していても、その使い方がわからないのでどうにもならない。

刀は切るようにできているが、切るということは、日本の刀工が錬えた刀に切れない刀はないはずである。切れないのは切り方が悪いからだ。

切り方には、刀の使い方がある。それには、振りよきように振るという太刀の道を心得ることだ。早く振ろう早く振ろうとすると、太刀筋が乱れるということをここではいっている。

刀は刃筋を通せば切れる

　これは、二天一流の形のなかに、実によく表現されている。あの形のほとんどは、刀の刃筋ということが主体である。早さなどは度外視して、刃筋を立て、正しく切るという考え方である。

　二天一流の形は、刀の重さによって、遠心力で下にゆくほど、だんだん早くなる。その理合を武蔵先生は説いておられるわけである。

　ちょうど、刀の刃が当たったところに力が加わる、そこに切れるところがあるということを教えておられる。

　戦前の剣道でも、それをよく教えるために、先生方は右手は押して、左手は引けといったものである。刃が当たった瞬間にパッと、これは刃筋の立つ剣法で、遠心力の作用でパッといけるように、上手な表現で指導されていた。

　今の剣道は押し切りで、刀のいちばん切れるところでブレーキをかけてしまっている。刀の使い方に対する観念が全然ないから、そのようになってしまうのである。

いろいろな拍子の打ち方

　敵を打に一拍子の打の事、敵を打拍子に、一拍子といひて、敵我あたるほどのくらいを得て、敵のわきまへぬうちを心に得て、我身もうごかさず、心も付ず、いかにもはやく直に打拍子也、敵の太刀、ひかん、はづさん、うたんと思心のなきうちを打拍子、是一拍子也、此拍子能ならひ得て、間の拍子をはやく打事鍛練すべし、

　二のこしの拍子の事、二のこしの拍子、我打ださんとする時、敵はやく引、はやくはりのくるやうなる時は、我打とみせて、敵のはりてたるむ所を打、引きてたるむ所を打、是二のこしの打也、此書付計にては中〱打得がたかるべし、おしへうけては忽合点のゆく所也、

　無念無相の打と云事、敵も打ださんとし、我も打ださんと思ふ時、身も打身になり、心もうつ心になって、手はいつとなく空より後ばやにつよく打事、是無念無相とて、一大事の打也、此打たび〱出合打也、能々ならひ得て鍛練あるべき儀也、

　流水の打と云事、流水の打といひて、敵相になりてせりあふ時、敵はやくひかん、はやくはづさん、早く太刀をはりのけん

とする時、我身も心も大きになって、太刀を我身のあとよりいかほどもゆる〳〵と、よどみのあるやうに大きにつよく打事也、此打ならひ得ては、慥に打よきもの也、敵のくらいを見わくる事肝要也、

ここに書いてある拍子は、形の問題よりも、心の問題である。心の持ち方によって、拍子は変った形で表われる。心の持ち方によって違うのものである。

たとえば、小手を切る、面を切るという場合。また小手を切って、面に跳ぶというような二の腰の打ち。そのようなことは、自然に心が向いてくると、そういう技ができるので、二段打つが一本に留まることもある。

あるいは、二本にゆくこともあるだろうし、どちらも心の動きを表したものである。

流水の打ちというのは、水の流れるように、素直にズーッとゆく打ちである。ふつう、剣道というのは、相手がパッと打とうとすると、受ける側にまわる。それを相手が打とうとして自分も打とうとする場合も、受ける側にまわることがある。流水の打ちというのはそれをよどみなく、水の流れるように自分が相手を打つという動作である。

剣道で稽古していると、打とうと思うとき、相手がパッとくると、受ける側にまわってしまう場合があるもの

●同時代の剣豪たち

柳生《やぎゅう》十兵衛《じゅうべえ》三厳《みつよし》

十兵衛三厳は、祖父柳生石舟斎が亡くなった翌年、慶長十二年（一六〇七）柳生の里で生まれた。

父は宗矩で長男として生まれた。十兵衛は祖父石舟斎に似て、兵法については幼少から優れた素質があったと言われている。

元和五年（一六一九）十兵衛十三歳のとき、家光の小姓として出仕していたが、寛永三年、非行があり、出仕を止められた。

以来十二年間、柳生の里などで兵法の工夫に励んだ。十兵衛は、この十二年間で、新陰流を深く修行した。

十兵衛の十二年間は、隠密として全国を廻っていたとか、気狂いになったとか巷間に言われているが、そのような事実はない。

宗矩とその子十兵衛は弟子を養成したが、十兵衛は、全国を廻って指導をした。

十兵衛は片目だとか言われているが、残されている肖像画では両方目をあいている。

寛永十四年から十九年にかけて、『月之抄』を書いている。この月之抄は、上泉伊勢守秀綱、祖父宗厳、父宗矩、十兵衛と伝えられた新陰流の太刀目録、口伝目録の集大成であった。

慶安三年（一六五〇）三月、山城国大河原弓淵で、鷹狩り中に急死した。十兵衛四十四歳であった。

である。

そういう受ける側は、流水の太刀ではないわけで、無念無想で打ってゆくことが大切である。相手の動作にこだわらず打ってゆくこれが流水の打ちである。素直な打ちである。心の持ち方で変ってゆくものである。

紅葉の打と云事、紅葉の打、敵の太刀を打おとし、太刀取なをす心也、敵前に太刀を構、うたん、はらん、うけんと思ふ時、我打心は無念無相の打、又石火の打にても、敵の太刀を強く打、その儘あとをねばる心にて、きつさきさがりにうてば、敵の太刀必おつるもの也、此打鍛練すれば打おとす事やすし、能々稽古あるべし、

紅葉の打ちというのは、刀の落とし方である。ここでは相手の刀を打ち落とす場合のことが書いてある。相手が刀を握っている、それをポンとたたく、そして押さえる。原理的には、ポンとたたかれたから握りしめる、その後、瞬間ちょっと手の内のゆるんだところをたたけば落ちる。これが紅葉の打ちである。

身のこなし方

しつかうの身と云事、漆膠とは、入身に能付てはなれぬ心也、敵の身に入時、かしらをもつけ、身をもつけ、足をもつけ、つよくつく所也、人毎に顔足ははやくいれども、身のゝくもの也、敵の身へ我身をよくつけ、少も身のあいのなきやうにつくもの也、能々吟味有べし、

漆膠《しっこう》はニカワのことで、ただ相手につき、相手と鍔《つば》ぜり合いでもしておれば切られるが、ピタッと相手にくっついてしまえば、相手は自由に動きはできないというものである。

石火のあたりと云事、石火のあたりは、敵の太刀と我太刀と付合ほどにて、我太刀少もあげずして、いかにもつよく打也、是は足もつよく、身もつよく、手もつよく、三所をもつてはやく打べき也、此打たびくならわずしては打がたし、よく鍛練すればつよくあたるもの也、

石火の当たりということは、まったく間髪を入れず切るという状態で、晴眼の構えに構えておいて、ふつうは振りかぶるのだが、基本的には左の拳の下から相手の面が見える程度まで上げて切る。

　初心者の場合は、難しいが、だんだん上達すると、上まであげないで、パッと敵を手の内の動きで切ることができる。これができると、立派に相手を制圧することができる。

　必ずしも振りかぶってやるのではなく、晴眼の構えから、パッといけば、切れるという手の内があるのだということを示しておられる。

　これは、非常に高度な技で、今の高段者の先生方は、こういう技をこなすところまでいくのが当然と思う。

たけくらべ

　たけくらべと云事、たけくらべと云は、いづれにても敵へ入込時、我身のちゞまざるやうにして、足をものべ、こしをものべ、くびをものべて、つよく入、敵のかほと〱とならべ、身のたけをくらぶるに、くらべかつと思ふほど、たけ高くなつて、強く入所肝心也、能々工夫有べし、

たけくらべは、相手と構えた場合、俺のほうが背が高いんだという気持ちで対すると姿勢もよくなるし、それと少し位を高くもってくると、相手を見下げることになる。相手を使いこなすという方法の原動力になっていくものである。

　下から高いものを見るというのでなく、上から相手を下に見て構えるということである。これをこのような表現で書いているものである。

中心から剣をはずさない

　おもてをさすと云事、面をさすと云は、敵太刀相になりて、敵の太刀の間、我太刀の間に、敵のかほを我太刀さきにてつく心に、常に思ふ所肝心也、敵の顔をつく心あれば、敵の顔身ものるもの也、敵をのらするやうにしては、色々勝所の利あり、能々工夫すべし、たゝかいの内に、敵の身のる心ありては、はや勝所也、それによつて、面をさすと云事忘るべからず、兵法稽古の内に、此利鍛練あるべきもの也、
　これも、今の剣道からいえば、正中線ということをい

うが、相手の中心から剣をはずさないということである。おもて（顔）を指すには、剣先を中心線に持ってきておかなければいけないということである。

正中線ということは、おもてを指すということと同じことなのである。

そういう心持ちで、剣というものは、相手の中心からはずしてはいけないということである。

心で相手の剣を踏む

けんをふむと云事、剣をふむと云心は、兵法に専用る儀なり、先大きなる兵法にしては、弓鐵炮におゐても、敵我方へうちかけ、何事にてもしかくる時、敵の弓鐵炮にてもはなしかけて、其あとにかゝるによつて、又弓をつかい、亦鐵炮にくすりこみて、かゝりこむ時、こみ入がたし、弓鐵炮にても、敵のはなつ内に、はやかゝる心也、はやくかゝれば、矢もつかいがたし、鐵炮もうち得ざる心也、物毎を敵のしかくると、其儘其理を受て、敵のする事を踏みつけて勝心なり、亦一分の兵法も、敵の打出す太刀のあとへうてば、とたんとたんとなりて、はかゆかざる所也、敵の打出す太刀は、足にてふみ付る心にして、打出す所をかち、二度めを敵の打得ざるやうにすべし、踏むと云は、足には限るべからず、身にてもふみ、心にても踏、勿論太刀にてもふみ付て、二のめを敵によくさせざるやうに心得べし、是則物毎の先の心也、敵と一度にといひて、ゆきあたる心にてはなし、其儘あとに付心なり、能々吟味有べし、

剣を踏むということは、心の問題である。相手が剣を構えている場合、相手の剣を右足、左足と踏みつける心構えで切れば、ちょうど物打ちで切ることができる。

相手の剣を恐れて、踏むだけの心構えがなかったら、自分の剣は相手に届かない。相手の剣を足で踏んで、後で切れという心持ちである。

位によって、そのようなことで、俺が切れるかという気持ちでいることが、相手の剣を踏むことになる。これは実際に、相手の剣を踏んでゆくということではなく、心で相手の剣を踏んでゆくことである。

打突《だとつ》の機会

打突の機会に、自ら求めて打突するというのは、剣道

ではない。これは、二天一流においても、相手の出方によって、相手が刀を抜いて切りかかってこようとするところからはじまる。

相手の打突に対して、いかにこれをさばくかが剣道なのである。二天一流に限らず、柳生流でもそうであるが、打つべき機会は、相手を誘い、相手が動いてくるところを切るのだ。

起こり頭《かしら》、相手が切ってくるのを受ける、さばくという切り方である。

自分のほうから求めて切るということでなしに、相手が切ってきたことに対しての心づかいで、それが上手にならないと剣道にならない。

剣道というものは、もちろん最初は小手、面、胴を打つという、打太刀の役目から入るのであるが、上達していくと、これが仕太刀に変ってゆく。

応ずる、あるいはかわす、押さえる、そういう方向に変ってゆくのが、剣道の深さである。

いろいろの剣道の書物に、相手の竹刀をたたいて打つとか、右に開いて打つとか指導しているが、竹刀競技の問題の打突のことで、打つべき方法を教えているだけである。

本当に刀と刀を抜き合わせて、いざどこを切るかとなると、相手の非はどこかとか、相手が無理にきて、無謀に切りかかってこようとするところを切る以外はない。

その非をとがめ、立ち合って一本も打たなくて、未発の剣道で終わるということもあり得るので、それは立派な剣道である。

打ってみなければわからないという剣道ではスポーツ剣道で、結果的なものを望むが、実際に、生命がけでやった昔の人たちは、そんなことでは、生命がいくつあっても足りない。

昔の剣法は、すべて自分から仕かかるのではなく、気で押さえ、相手がどうしても打たなければ切られるというところまで追い詰めて、相手の打とうとするところの、出鼻を押さえる。このように、非のあるところをとがめるのが、日本の従来の剣道である。これが日本伝剣道なのである。

今の剣道は竹刀であるから、たとえば相手の中心に着けていて、面を打っていって胴を打たれても、竹刀であるから殺されることはない、という考え方がある。

それが、日本刀を構えて立っている相手に、竹刀で打つようなことができるものであるか。光っている刀に、振りかぶって面を打つことはできないだろう。

従って、刀の操法からすれば、今の剣道は間違っているということになる。その辺が、今の剣道と、昔から伝わってきた刀を使う観念とに、非常に開きのあるところである。

昔は、試合で午前十時に立ち合って、午後三時まで汗だくになっても、一本も打たれなかったという記録がある。力の互格のものが、相対して、しかも打つ機会がなかった場合、そのような結果が生まれることがあったわけである。

それが、本当の剣道であって、打って、打って、打ちまくるというのは、初歩的な在り方である。剣道に入る道はそれでよいが、だんだん高段者になればなるほど、竹刀が木剣に、木剣が日本刀にという心構えで竹刀を使う段階にならなければならないと思う。

竹刀だから、切れない、突き通らないという観念が強すぎて、竹刀を野球のバットのように使うことはできない。日本刀という存在を心のなかに認識し、その認識の度合いによって、剣道が高くなってゆくと思う。

先について

三ツの先と云事、三ツの先、一ツは我方よりも敵へかゝるせん、けんの先と云也、亦一ツは敵より我方へかゝる時の先、是はたいの先と云也、又一ツは我もかゝり、敵もかゝりあふ時の先、體〱の先と云、是三ツの先也、いづれの戦初めにも、此三ツの先より外はなし、先の次第を以、はや勝事を得る物なれば、先と云事兵法

●同時代の剣豪たち

柳生《やぎゅう》連也斎《れんやさい》厳包《よしかね》

厳包は、兵庫助の三男として、寛永二年（一六二五）に尾張で生まれた。

寛永十九年（一六四二）江戸にあった徳川義直に父利厳から受けた新陰流の兵法を伝授された。

厳包は、兵法に優れ、幼いときから剣を修行した。この義直から新陰流を伝授されたのは、厳包が十八歳のときである。

そして、慶安元年（一六四八）、尾張の兵法師範となり、父利厳から新陰流の相伝を受けている。

六十一歳のとき隠居し、厳包の兄茂左衛門の子厳延に道統を継がせた。

隠居後は、連也斎と号して、入道した。

厳包は、一生妻を持たなかった。剣の修行の前には女性を遠ざけたと言われている。

また、造園に趣味をもち、尾張一という名園を作った。元禄六年（一六九四）七十歳で没している。尾張柳生の剣豪として知られている。

の第一也、此先の子細様々ありといへども、其時の理を先とし、敵の心を見、我兵法の智恵を以て勝事なれば、こまやかに書わくる事にあらず、

第一懸の先、我かゝらんとおもふとき、静にして居、俄にはやくかゝる先、うへをつよくはやくし、底を残す心の先、又我心をいかにもつよくして、足は常の足に少はやく、敵のきわへよるとはやくもみたつる先、亦心をはなつて、初中後、同じ事に敵をひしぐ心にて、底迄つよき心に勝、是いづれも懸の先也、

第二待の先、敵我方へかゝりくる時、少もかまはず、よわきやうに見せて、敵ちかくなつて、づんとつよくはなれて、飛付やうに見せて、敵のたるみを見て、直につよく勝事、是一ツの先、又敵かゝりくる時、我も猶つよくなつて出る時、敵のかゝる拍子のかはる間をうけ、其儘勝を得る事、是待の先の理也、

第三體〳〵の先、敵はやくかゝるには、我静につよくかゝり、敵近くなつて、づんんと思ひきる身にして、敵のゆとりのみゆる時、直につよく勝、又敵靜にかゝる時、我身うきやかに、少はやくかゝりて、敵ちかくなりて、ひともみもみ、敵の色に随ひ、つよく勝事、是體〳〵の先也、此儀濃に書分がたし、此書付〔の〕儀〔を〕もつて大形工夫有べし、此三ツの先、時にしたがひ、理に随ひ、いつにても我方よりかゝる事にはあらざるものなれども、同じくは我方よりかゝりて、敵をまはし度事也、いづれも先の事、兵法の智力を以て、必勝事を得る心、能々鍛練あるべし、

現在の剣道の先は、どちらかといえば、攻めて、攻めて、その勢いで相手をたたけと、相手が打つ前に自分が先に打てということが、いかにも先であるというように思われている。

しかし、先とは、そういうものばかりでなく、心で攻めて、心で先をとる。おいでなさいという気持ちで心で攻めて、攻めるのである。そこが先で、心で攻めて身体では待っている状態である。

いわゆる懸待一致である。懸《かか》るうちに待つ、待つうちに懸る。懸っていっても、そこに待っている。待っていても懸っているという、その心が先である。

先は、すぐ攻めあげて、パンと打つ。これは初心者に

対する指導法であり、初心者はそれでないと、攻めるという意味合いがわからない。

　攻めるというのは、相手より早く打つのだと、形から教えないと納得しないので、先ず形から入ってゆくのである。

　それが、できるようになったら一口でいえば油断《ゆだん》しないということである。油断も隙《すき》もないということが、先に懸っているのである。それが先である。

　形の上で、今のは先に懸っていたといったりするが、見えない心の先というものがあると思う。

起こり頭《がしら》

枕をおさゆると云事、枕をおさゆるとは、かしらをあげさせずと云心也、兵法勝負の道にかぎつて、人に我身をまわされてあとにつく事悪し、いかにもして敵を自由にまわし度事なり、然によつて、敵もさやうに思ひ、我も其心あれども、人のする事をうけがわすしては叶がたし、兵法に敵の打所をとめ、つく所をおさへ、くむ所をもぎはなしなどする事也、枕をおさゆると云は、我實の道を得て敵にかゝりあふ時、敵何ごとにてもおもふ氣ざしを、敵のせぬ内に見知りて、敵のうつと云うつのうの字のかしらをおさへて、跡をさせざる心、是枕をおさゆる心也、たとへば、敵のかゝると云かの字をおさへ、とぶと云との字のかしらをおさへ、きると云きの字のかしらをおさゆる、みなもつておなじ心なり、敵我にわざをなす事につけて、役にたゝざる事をば敵にまかせ、役に立ほどの事をばおさへて、敵にさせぬやうにする所、兵法の専也、是も敵のする事を、おさゑんくとする心、後手也、先我は何事にても道にまかせてわざをなすうちに、敵もわざをせんとおもふかしらをおさへて、何事も役にたゝせず、敵をこなす所、是兵法の達者、鍛練の故也、枕をおさゆる事、能々吟味有べき也、

　剣道でいえば、起こり頭《がしら》のことである。人が寝ていて、起きようとするところ、半分起きてしまえば力が強いが、起きようとするところならば、小指一本でも、押さえることができる。

　ここでは、起こり頭というのは、弱いのだということ

をいっておられる。懸かる「か」の字、跳ぶという字の「と」、切るという字の「き」を押さえればよいのだと、面白い表現をとっている。

起こり頭が、いかに相手にとって、致命傷であるかということである。

危険を乗り越える

とをこすと云事、渡を越と云は、縦ば海を渡るに瀬戸と云所もあり、亦は四十里五十里とも長き海を越所を渡と云也、人間の世を渡るにも、一代の内にはとをこすと云所多かるべし、舟路にして、其との所を知り、舟の位を知、日なみを能知りて、友舟は出さず共、其時の位を受、或ひらきの風にたより、或追風をも受、若かぜ替りても、二里三里はろかずをもつて湊に着と心得て、舟を乗をり、渡を越所也、

其心を得て、人の世を渡るにも、一大事にかけて渡をこすと思ふ心有べし、兵法戦の内にも、とをこす事肝要なり、敵の位を受、我身の達者を覺へ、其理を以てとをこす事、よき船頭の海路を越と同じ渡を越ては亦心安き所也、渡をこすと云事、敵によはみをつけ、我身も先になりて、大形はや勝所也、大小の兵法のうへにも、とをこすと云心肝要なり、能々吟味あるべし、

渡を越すということは、武蔵先生の戦いのなかの極意中の極意で、危険なところを精一杯の努力によって、通り抜けることである。

剣道でいうならば、相手がパッ、パッと打ってくる場合、そこに全精力を集中して防ぐほうに廻る。そこを通り越すと、案外後は楽なところがあるのだという心をいっている。

渡を越すということを、瀬戸を船が夫婦で通ってゆく、船もとの奥さんが舵《かじ》を上手にとる、後ろの親父が漕《こ》ぐ。狭いところを全精力を集中して難船しないように、通り越すという通り方もある。

そして、洋々たる大洋に出る。平穏無事である。しかし、平穏無事の航海に出た一週間後に嵐がこないとも限らない。出た時点においてすでに、そのことに対する心構えは持っていなければならない。

坦々たる船路であるが、もし嵐に出会ったら、それこそ帆も上げずに、ただ力でどこかの港に着くことの心構えはかねがね持っていなければならないということであ

る。

　坦々たる時代も、何か事が起こり得るということに対する心構え、急所に会った場合は、一生懸命に努力して、その急所を乗り越すということが、渡を越すということである。危険なところを全力をあげて防御することの教えである。

三度同じことをするな

　さんかいのかわりと云事、山海の心と云は、敵我たゝかいのうちに、同じ事を度々する事悪き所也、同じ事二度は是非に及ばず、三度するにあらず、敵にわざをしかくるに、一度にてもちいずば、今所一ツもせきかけて、其利に及ばず、各別替りたる事を、ほつとしかけ、それにもはかゆかずば、亦各別の事をしかくべし、然によつて、敵山と思はゞ海とかけ、海と思はゞ山としかくる心、兵法の道也、能々吟味有べき事なり、

　山とくれば海。剣道でいうならば、相手が面と打ってきたなら、同じところを打つなということである。小手を打ってきたら面、面を打ってきたら胴と、じぐざぐに

●同時代の剣豪たち

柳生《やぎゅう》飛騨守《ひだのかみ》宗冬《むねふゆ》

　宗冬は、江戸柳生の祖宗矩の三男である。

　宗矩には、十兵衛三厳、刑部少輔友矩、飛騨守宗冬、列堂義仙の四男があったが、宗矩の後を継いだ十兵衛が早く死んだので、その後を宗冬が継いだ。

　したがって江戸柳生三代目で、将軍家綱の兵法師範となった。

　寛永五年（一六二八）十四歳で、三代将軍家光の小姓となっている。宗冬は文学に興味をもち、武術の修行にはあまり力が入らなかったと言われる。

　しかし、長ずるに従って武術に力を入れ、新陰流兵法を修得するようになった。

　兄十兵衛が四十四歳で急逝したので、その後を継いで、四代将軍家綱の兵法師範になった。そして、飛騨守となった。

　柳生の中にあっては、優れた兵法家、剣豪とは言い得なかったが、文武兼備の兵法家として知られている。

　兄十兵衛は、剣豪として知られているが、兄友矩も文武に秀でたところがあり、三代将軍家光に仕えたが、病を得て若くして死んだ。

　弟の四男列堂は、宗矩が祖先の霊を葬うために柳生に建てた芳徳寺の一代目の住職になった。

打てということである。

面を打つのは、二回までは同じでいいが、三回目は同じことをするなということが、山海の変わりのことである。

えてして、面の得意な人は、面ばかりを打ちにゆく。そしてまた面を打つ。山海の変りということを心得ていないと、こういうことになる。

小手を打ったら、次は違うところを狙えということである。

状況判断と心理作戦

場の次第と云事、場のくらいを見わくる所、場におゐて日をおふと云事有、日をうしろになしてかまゆる也、若所により日をうしろにする事ならざる時は、右のわきへ日をなすやうにすべし、座敷にてもあかりをうしろ、右脇となす事同前也、うしろの場つまらざるやうに、左の場をくつろげ、右のわきの場をつめてかまへたき事也、
夜にても敵のみゆる所にては、火をうしろにおい、あかりを右脇にする事同前と心得てかまゆべきもの也、敵をみおろすといひて、少も高き所にかまゆるやうに心得べし、座敷にては上座を高き所とおもふべし、扨戦になりて、敵を追廻す事、我左の方へ追まはす心、難所を敵のうしろにさせ、いづれにても難所へ追掛る事肝要也、
難所にて、敵に場を見せずといひて、敵に顔をふらせず、油断なくせりつむる心也、座敷にても敷居鴨居戸障子縁など、亦柱などの方へ追つむるにも、場をみせずと云事同前也、いづれも敵を追懸る方、足場のわるき所、亦は脇にかまいの有所、いづれも場の徳を用て、場のかちを得ると云心専にして、能々吟味し鍛練有べきもの也、
むかつかすると云事、むかつかすると云は、物毎にあり、一ツにはきわどき心、二つにはむりなる心、三ツには思はざる心、能々吟味有べし、大分の兵法にして、むかつかする事肝要也、敵の思はざる所へ、いきどふしくしかけて、敵の心のきわまらざる内に、我利を以て先をしかけて勝事肝要也、亦一分の兵法にしても、

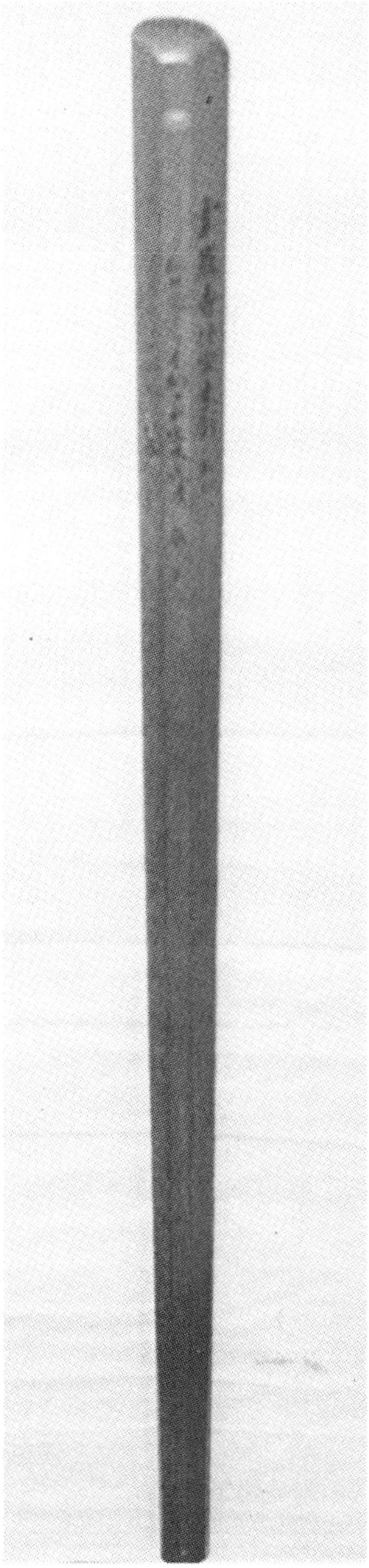

佐々木小次郎との決闘で使用した木剣（復製）下が柄《つか》

初ゆるりと見せて、俄につよくかゝり、敵の心のめりかゝり、働に随ひ、いきをぬかさず、其儘利を受てかちをわきまゆる事肝要也、克々可二有吟味一也、

とくに巌流島で佐々木小次郎と試合をしたとき、今の剣道の理念からすれば、お互いに同時刻で、同じ場所で、審判員がいて、「始め」といって試合がはじまる。それが、たたき合いになって終わる。それが正しいゆき方だという考え方である。

小次郎との試合で武蔵が時刻に遅れたということは、約束違反ではないかと。あれは卑怯《ひきょう》ではないかと、いろいろな説があるが、武蔵にしてみれば、四六時中が戦地であって、何時からはじまったかということは、試合をしようといった段階で、すでに試合ははじまっているのである。

そこには、間合いもなければ、時もなく、相手がどこから出てくるかもわからない。そこを千変万化で戦うというのは、武蔵先生が頭がよかったことの証明である。木剣を四尺二寸にして佐々木小次郎の物干竿に対抗するということも、事前に街を歩いて風評を聞いたり見たり、ずっと調べあげている。敵状をよく察知しているのである。

相手を知るということが、いちばん相手に勝つことにつながるので、小次郎のことについては、根掘り、葉掘り事前に調べあげている。

あの小次郎の物干竿に対しては、これより他にないと考案したのが四尺二寸の木剣で、ふつうのものより二寸も三寸も長い。その長さに利があると考えついたわけである。

むかつかすること、というのは、相手の精神状態をぐらつかせる意味である。そして、平常心を失わせる。それによって、相手に間合いの一寸、二寸の見きわめができないよう狂わせてしまう。

一撃、ここで当たるだろうと思って切った、あの小次郎の物干竿は、わずか一寸届かなかった。武蔵のしめていた鉢巻を切った物干竿は額を通って落ちたのを見切った武蔵が一瞬八相に構えて打った。

その間の、勝負の分かれ目というのは、一寸、五分のはずしである。よく武蔵先生は、一寸のはずし、五分のはずしということをいわれたわけだが、相手が切る場合、こちらが一尺逃げても、一分逃げても当たらない。

一分はずして当たらないなら、その次の自分の切る場合、相手に当たる範囲は、一寸よりも一分はずしたほうが有効打突が生まれてくるということから、剣の極意は一寸、五分のはずしということを鍛練しなければいけないというのである。

これは、鍛練と腹がいる。相手に自分を切らせるという度量がなければ、なかなかできることではない。

一尺も二尺も跳び離れるということの鍛練では、とても間に合わないのである。

小次郎が短気ものであるとか、時間に遅れると、いらつくことも、事前に相手を観察して知りつくし、これを実に深くやっているわけである。

試合のときに陽を背にすること、その辺は実によく考えて、一乗寺下り松の決闘でも、高いところを占めるということが、非常に有利であることは、先生は徹底的に自分の身体で修得されていたのである。

これは、「たけくらべ」からも来ている考えだ。相手よりも高く、場所的にも相手より高く、それが有利であるということを、自然に体得されていたようである。

『五輪書』〝水の巻〟

『五輪書』のなかの〝水の巻〟に、自分の流派についてのほとんどすべてを書き記している。

五つのおもての次第のこととは、形の上での五つを表わしているが、二天一流の太刀の使い方、身の振り方、身なりなど、原理的なことは全部、〝水の巻〟の各項目が骨子になっている。

五つのおもての次第のことを修行してゆくには、〝水の巻〟全体を指針としてやらなければいけないという教えである。

いわをの身と空

いわをの身と云事、岩尾の身と云事、兵法を得道して、忽岩尾のごとくに成て、萬事あたらざる所、うごかざる所、口傳、

〃火の巻〃の最後に書いてあるものだが、これは不動であり、対する相手には恐怖心を与えるが本人に恐怖心を与える気持ちはない。まったく無である。

無心でありながら、相手に対して威圧感というものが湧き出てくるというのが、岩尾の身の本当の解釈と思う。

五輪書では、この説明を口伝のことと書いてある。口伝のことと書いてはあるが、これは円明流の時代にすでに説明している。

先生が、寺尾求馬之助に説明しているところでは、山の中腹に岩肌をむき出した大きな岩が突き出ている。その下に道路がある。

その道路を通る人間は、何時もその岩が落ちはしないか、あぶないと思いながら、危険を感じながら通っている。そのとき、岩は何か考えているか。落ちようとか、落ちまいとか、そういうことは岩は考えてはいないのである。

ないが、相手に、それだけの恐怖心を起こさせる。この岩の在り方が、岩尾の身で、そういうような存在になるというのが、武蔵先生の考えなのである。

俺は、刀を差さなくても、岩と同じで、何時落ちてくるかわからないという恐怖心を、相手がもつようなところまでに、修行の過程ができ上がっている。これが岩尾の身である。

大きな岩が座っていて、盤石であるということではない。相手の心を動かす、しかし、自分はあくまでも無心である。

五輪書の最後の章は空の巻である。空とはある所を知って、ない所を知る、いわゆる般若心経にいう色即是空、空即是色である。

〃空の巻〃に曰く、おこなう道少しもくらからず、心のまよう所なく、朝々時々におこたらず、心意二つの心をみがき、観見二つの眼をとぎ、少しもくもりなく、まよいの雲の晴れたる所こそ実に空と知るべきな也。空のこころは善にあって悪なしという。智は有也、道は有也、心は空也。そして廓然洞管豁（ガランとしてカラッポの意）である。

結局、無心になって、自分を鍛錬していれば、刀の使い方にしても、持ち方にしても、自然に活路が開かれ、心ができてくるものである。

人間が、意図的に画策することでなく、すべからく無

心になれということが、先生の空の説明である。

空というのは無であるということをよく表現された。

剣道でいえば、無心ということが、最大の狙いではないかと思う。

その心を汲みとる

武蔵先生は、水の巻のなかで流派のことは全部書き残した。しかし工夫鍛練して、一生懸命に自分を磨きなさいといっている。

そうすると、自らの心のなかから開発されるものが必ず出てくる。そして、最後には無心である、と丁寧に説明されている。

剣道を修練しながら原典に触れ、その心を考えてみる。そうすると、武蔵先生の心に脈々と通ずるものがあり、汲めどせ尽きせぬ妙味が出てくる。

剣道教本は数多いが、五輪書はいちばんの指針となるのではないかと思う。

今の剣道の本のように、ただ小手、面、胴をたたくという、具体的な指導ということではなしに、そのときの心のもち方はどうであるか、どういう気持ちで稽古をするのか、心の在り方についての指導が、先生の場合は多い。

剣道を技法と心法とに分けると、技法はむしろ水の巻

●同時代の剣豪たち

伊藤《いとう》一刀斎《いっとうさい》景久《かげひさ》

伊藤一刀斎は、一刀流の創始者である。

流祖伊藤一刀斎については、その出生年月や出生地など、諸説が多く、不明な点が多い。

『一刀流極意書』を著わした笹森順造氏によれば、伊豆大島に天文十九年（一五五〇）八月五日に生まれたとある。この生年月日には、永禄三年（一五六〇）という説もある。

幼名を弥五郎と言い、板子一枚で大島を出て三島に渡り、三島で富田一放と試合をし、一放を破ったと言われている。十四歳のときであった。

三島から東上して、その頃高上金剛刀を極意としていた、中条流の鍾巻自斎を江戸に訪ね、自斎から剣術を学んだ。

そして、上達した弥五郎に妙剣、絶妙剣、真剣、金翅鳥王剣、独妙剣の極意を授けたという。

その後、伊藤一刀斎景久と改名し、諸国を歴遊し、一刀流を創始した。一刀斎は、自らの剣を磨くことを目標とし、居を構えず、生涯諸侯に仕えなかった。

その弟子に、神子上典膳がいたが、伊藤姓を名乗らせ、伊藤典膳と言ったが、後に小野次郎右衛門忠明と改めて、一刀流を受け継ぎ、発展させた。

一刀斎の死亡の地もいろいろな説があり、不明なことが多い。

で著わし、丹念に教えているが、その一面には心法というものが、どの項目を見ても、胸に突きさるような内容で出ている。

こういうものを学ぶことは、今の剣道をさらに立派なものに仕上げてゆく糧になる。

少くとも、五輪書というのは、剣道愛好者は、むさぼり読まないといけないものであるが、昨今は一般の人がよく読んでいる割には、剣道人はあまり読んでないようである。

原点に触れる

五輪書を解説したものは多数あるが、解説はその人の主観が入っているので、わからなくても原本を読み、原本で終るくらいにしたい。

内容についても、わからないならば、わからないなりに、何百回、何千回と読んでいるうちに、自然にわかってくるようになるものである。

五輪書は、自分の心を磨き、身体を磨いて鍛練した結果の産物であって、他人から得た知識ではない。自らが掘り起こしたもので、そこが重要なところであるから、原本に触れて、そこから本当のものを汲みとるべきであると思う。

解釈されたものを理解するということでなしに、原本で「能々鍛練あるべきこと」というのを読んでいると、自分は稽古が足りない、稽古をやらなければ、この心境にはとてもなれないと、回を重ねるに従ってわかってくる。そこに五輪書を読む価値があると思う。

相前後して書かれた、「不動智神妙録」は、剣法という点からは、心の問題の説明はあるが、技術的なものはない。

原本を何回も繰り返して読むこと

剣道を学ぶ過程

啐啄同時《そったくどうじ》の機

剣道は、学ぶときにその段階がある。これは、師弟の関係においても、大切なものである。

〝啐啄同時《そったくどうじ》の機〟という言葉がある。習う者、教える者の呼吸が合ったとき、はじめて悟りが出てくるということである。

鶏のひなが卵からかえるとき、内側から出ようとして殻《から》をつつく。親鶏は外からつつく。外からつつくとき、早くても、遅くてもいけないわけで、内側と外側の呼吸が同時に合ったときにひなは生まれる。

剣道でも、この〝啐啄同時の機〟が、師弟の間では大切なことになる。どれだけいっても、馬の耳に念仏であれば、熟していない機である。

その段階、段階で、初段は初段なりに、二段は二段なりに鍛練をする。そして二段が熟すれば三段になり、三段が熟すれば四段になる。

自分がその内容を求めて、獲得しようとするとき、先生の話を聞けば、わかるものがある。それが悟りになる。

高段者の態度姿勢を見て、いいなと思ってそれを直輸入するだけでは、途中が抜けてしまう。

剣道には段階があり、その段階に到達するまで、内を充実しなければ、段階がわからないことである。自らが高まってゆく、そこで先生の話と合致するのである。

逆に、指導者の側では、子どもがどこまで行っているか、これは子どもにいってもわかる、これは子どもには無理であるという見きわめがなければ、そして、その時時に適切な内容を指導することがないと、子どもはわからないままで終ってしまう。

剣道で、〝啐啄同時の機〟というものが非常に大切なところは、ここである。指導者が高いところから話していて、聞いていても、わからないことがある。

これは、指導者が相手の度合いに応じて話をしないで、自分のことを無理強いする、自分の便法でゆくことがある。そして、いってもわからないと決めつけてしまうところがあるからだ。

指導者の心得

剣道を指導する高段の立場の人が、小手、面、胴の打ち方といった末端《まったん》のことに力を入れて、精神面の強化が抜けていることがある。心の問題、本質が重要なのである。

剣道家にとって、礼法は非常に大事なものである。その礼は、道場ばかりでなく、社会のなかで役に立たなければ剣道を修錬しても何もならないのである。

剣道の目的が、人間形成というならば、世の中で使うことが人間形成につながることであるが、剣道があまりにもスポーツ化してしまったので、小手、面、胴をたたくという方向だけが剣道であるような錯覚をもたせている。そうであってはならない。

竹刀を握って、道場でやっていればいいという剣道が多く、真の剣道の幅を狭めてしまっている感が強い。

道であれば、術だけではないのであるから、すべての道に合った道を勉強しなければ、たたくという術だけで終れば世の中から捨てられることは早いと思う。

剣道は相手から切られないために、相当の修行をし、誰が来ても切られない状態になってゆかなければ意味がない。

「身體髪膚受之父母、不敢毀傷孝之始也」（孝経）

（身体髪膚これを父母に受く、あえてきしようせざるは孝の始なり）という、自分の身体を大事にすることは親孝行である。そこから剣道は生まれたわけである。やたらに人を切って、切りまくる剣道はあり得ないのである。

指導者はなぜ先に打たないか、剣道は打つことから先に教えるが、最初は、「先」という意味をわからせるために、早く打て、攻めろというが、本当の「先」の意味は先にたたくためのものでなくて、気を一杯に蓄えて、何時でもどこからでも来なさい、という心構えが「先」なのである。

剣道は和合である

私は、剣道について何時もいっているが、「自他不二」という言葉がある。これは、自分と相手とは一緒であるということである。相手を敵と思うから、二つのものが分かれて相争うということになる。

二人が立って、剣を交えた場合、俺はあなたと争いはしないぞという気持ちで立ったならば、攻撃してくるのは相手だから、自分のほうには明鏡止水の如く、相手の姿が映ってくるものである。

相手が打とうとする先に、自分が打とうとすると、攻撃と防御が入り乱れて、心が乱れる。自他不二自分を捨てるということ。捨てた身体には、相手の姿が映ってくる。

自他不二の精神でゆけば、何のことはない。相手を敵と見ると、争わなければならない。すると、必ず負ける。争わざれば必ず勝つということがある。争わないということは、自分は相手を敵としないということである。

無敵ということは、自分が相手を敵としないということで、「俺は強くて、相手はいない」ということではない。

自分が相手の敵にならないのだということである。自分を捨てるのだということである。

自分を捨てきれば、相手を打たなくても、向こうは打とうとして来るので、これを迎え打てば、相手の動作は自然にわかってくるのである。そこが剣法だと思う。

相手が無理に出ようとすれば、そこはいけないと咎《とが》めるのが剣道であって、自分から先に跳び込んでいって切るというのは、剣道ではない。

生命のやりとりをするという心構えが大切なのである。人が見ていようが、いまいが、そういうことは問題外である。

技法から心法へ

剣道は打たなくても、相手がまいることがある。相手がどうにもならない、どうにもできない場が剣道にはある。そこの境地にまで到達しないと、ただ相手が来るとあぶないと思い、先に打っていき、返り打ちに合ったとか、たまたまそれが相手に当たったとかでは内容のないものになってしまう。

剣道の真髄は、どれだけやっても限りはない。どの段階で世を去るかということであり、自らを高く修行して、どの段階までもってゆけるかの苦労が大切なことである。

目標の高いものを求め、道を開いてゆかないと、薄いものになってしまうおそれがある。それには、心法というものを学びながら、深さを知ってゆくというのが、高段者の使命であると思う。

第3章

武蔵が到達した世界

剣の道と諸芸諸般

武蔵と絵

武蔵先生は、剣の道をもってすれば、諸芸諸般もできないことはないと、自分の極められた剣の高さから、絵、彫刻、書などを手がけ、後世に残されている。

絵には、「枯木鳴鵙の図」、「馬の図」、「鵜図」、「蘆雁の図」、「紅梅に鳩の図」など名作が多い。

また、書には、「戦気　寒流帯月澄如鏡」などがある。彫刻には、「不動尊」の彫刻があり、今見ても、一流のものである。

あるとき、武蔵が殿様の前で、絵を描いたが、その場で描いた絵を破ってしまった。

どうして破るのかと聞かれると、自分が描いた絵は、現在の自分の剣より少しも出ていない、そう感じたので破ってしまったと。

いい絵を描いて差し上げようという欲があった。だから出来がよくなかった。そこで、破いて帰ってきてしまったのだという話がある。

武蔵先生は、このように、絵その他のものにしても、すべて剣と対応にしながら、やったのである。

剣道と匹敵した場合、絵でも書でも、これは残してもいい、そうでなかった場合は破ってすてるという考え方が強かった。それほど剣を主体に生きてゆかれたのである。

武蔵先生は、求めるという心が非常に強かった。「枯木鳴鵙の図」は鵙が枯木の上に止まって、餌物をじっと見ている状態を描いているものであるが、この絵も、鵙は武蔵自身であるといわれている。

鵙の状態を瞬間的にとらえて、すべて自分の餌物に対して、取ろうという気持ち、一気に襲うという迫力、気力を表わしている。

と同時に、鵙は自分である、自分に直結したものを、絵でも書でも描こうという気持ちが強かった。それはただ、たんなる描写的なものでなく、鵙にしても、鵜にしても、それは「俺だ」と自己を表現しているのである。

自画像

武蔵先生自身による自画像は、晩年の作であるが、二刀を提げて立った姿、これを見ても、先生の心をそのまま表わしていることがわかる。

この絵の構えは二天一流の五方の形の三本目、下段の構えに似ている。これは、先生の剣道における、究極の目標は〝無〟であるということを表わしたかったのだと思う。

まったく混り気のない、何も心の中で考えない無心という状態、それは天則に従うということだけであって、人間が、自分でいい加減なことを考えない恣意的にならない、行動はすべて天則にまかせるという状態を表わしたと思う。

また、「寒流月を帯て澄めること鏡の如し」という書にしても、一気に書いている。上手、下手というより、この書には、先生の気持ちが最もよく表われているものである。

書きはじめたら、息を継がず、一息で上から下まで、書きおろしている。筆の勢いに先生の気が、いちばんよく表われていると思う。

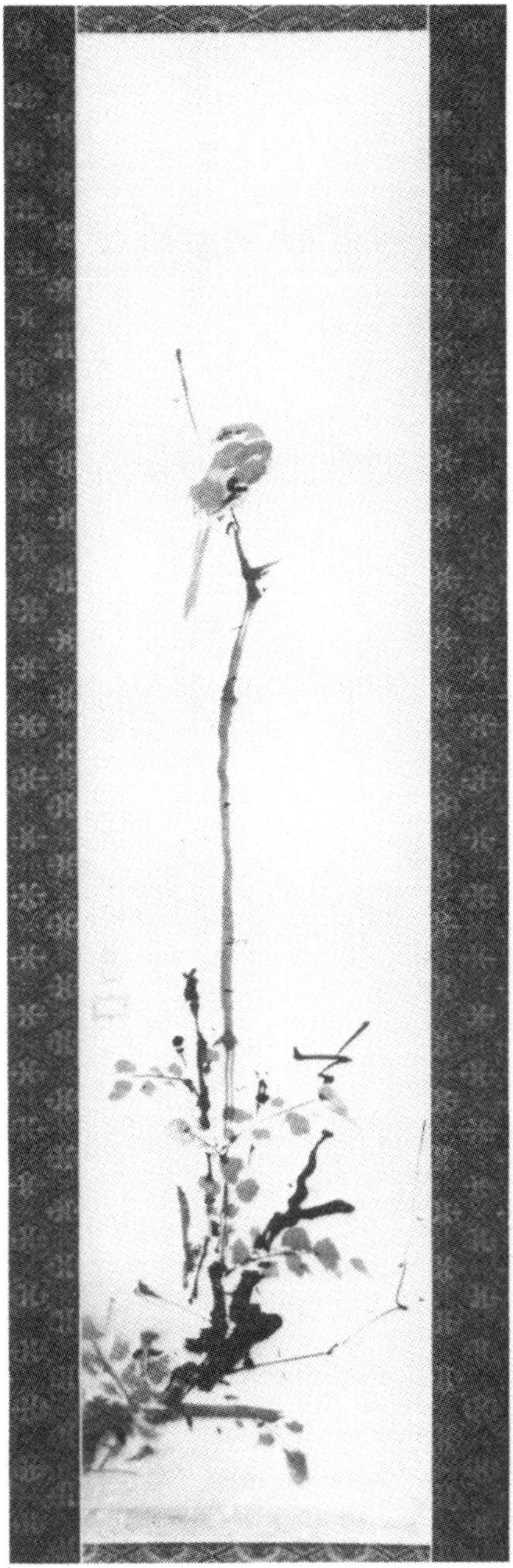

宮本武蔵筆「枯木鳴鵙図」（熊本市・島田美術館蔵）

武蔵の人間像

その他いろいろなものを作り、諸芸にも優れていた。

武蔵先生は、謡も相当やっている。謡に大鼓《づつみ》、小鼓というのがある。ポンポンと合わせるのだが、合わせようと思うと合わない、どんなに遅くとも遅れる。

これを五輪書では、拍子の問題としてとらえている。剣の道でも拍子を重視して、能からも参考にしていると思われる。

また、馬の鞍もよく作った。刀の鍔《つば》、小柄なども作っている。諸芸も、剣の道からすればできないものはないという考えで非常に器用であった。

気の強さ

武蔵先生の気の強さは、ふつうの人では及ぶことができないものがあった。

名古屋（尾張）の柳生兵庫がいったことでもわかるが、師範として迎えるには、気が強すぎて、あの気は誰にもまねることができないというようなところがあった。

弟子の寺尾求馬之助に教えるエピソードは、先生の気の強さを物語っているものである。

たとえば、高いところから低いところに跳ぶのは、相当に距離があっても跳べると教えている。

自分がやってみるから見ておれと、城の崖から下は竹が生え、竹の切り株があるところへ平気で跳んでみせた。竹株が足の裏を突き通す。それを抜いて、馬糞を塗って、これで治ると、平然と歩いていたという話がある。

そのくらいの気の強さがあったので、剣道の面でも、人一倍の気力があったと思われるのである。

武蔵と蛇

武蔵先生は、熊本に来るという時点では、すでに試合などはまったく頭の中になく、人間完成という方向に歩んでいた。

ある日泰勝寺の春山和尚と一緒に座禅を組むことになり、霊巌洞の岩の前に座って、二人で座禅を組んだ。

その時代には霊巌洞は深山で、蛇の多いところであった。座っていると蛇が這ってきて、春山和尚の股には乗って通り過ぎてしまう、武蔵のところへくると鎌首をもたげて、寄りつこうとしない。

武蔵が『五輪書』を書いた霊巌洞

武蔵はそこで、自分の修行はまだ殺気が漲っている。殺気が漲るということは、人間同士でなく、動物にも反映するのだと思った。

蛇が鎌首をもち上げて寄りつかないということは、敵対行為を示している。自分の修行はまだまだ春山和尚に程遠いといっている。

そういう点からもわかるように、相当に気が強かったもので、動物でも敵意を示す程、精気が漲っていたのであろう。

犬でもこの犬は吠えはしないかと、敵対行為をもって入ってゆくと、必ず大きな声で吠えられる。飼い馴らした犬に恐怖心のない人や、犬を可愛がる人が入っていっても犬は吠えない。

動物の心にも、相手の気というものが映るものであって、蛇でも鎌首をもたげて寄りつかないというのは、相手が自分に何かをしようと思っている心があればこそ、そこには寄りつかないのである。

禅の修行においても、人間の修行においてもまだまだ和尚ほどにはなれない、残念だということをいっている。

観の目付け

武蔵先生が熊本に来た当初の頃、細川忠利公が、とくに目についた侍がいたかと聞かれたことがあった。

先生は、一人おりましたと答えたという。それは誰だと。それはわかりません、私は昨日来たばかりなので、いま一度、昨日の隊形に侍を並べるなら指名はできますと答えた。

それで、もう一度元のとおりの隊形に侍を並べた。そこえ、武蔵が入って来た。そして、この侍であると指名して答えた。

それは、都甲金平という侍で、城造りの役目であった石垣を築く職の侍で、殿様から聞かれると、「石垣を築く都甲金平と申します」と答えた。

「お前は日頃、どういう心掛けをもっているか」と尋ねた。金平という侍は、答えていった。

私は、他に何も芸当はありません。ただ、夜になると、刀を天井から吊して、切先を自分の鼻先につけて寝けいます。寝るとき、ブスッと突き刺されたら、自分は今日で終いですと。もう生きていない。明日の都甲金平は違う都甲金平であるという気持ちで、毎晩死ぬ稽古をやっていますというわけである。

忠利公が、武蔵に今のような話だが、そこで、どうし

●同時代の剣豪たち

小野《おの》次郎《じろう》右衛門《えもん》忠明《ただあき》

小野次郎右衛門忠明は、伊藤一刀斎の弟子で、一刀流の道統を継いだ二代目である。

名は神子上典膳吉明と言い、神子上土佐守の三男として、永禄八年（一五六五）に生まれた。

幼少の頃から兵法をたしなみ、武術に長けていた。大和国から上総に移り、その頃伊藤一刀斎が上総に来て、試合するものを募った。

典膳は自分を試すのによい機会であると、一刀斎に試合を申し込んだが打ち負かされたという。

翌朝一刀斎を訪ね、弟子入りし、師弟の関係を結ぶようになった。

典膳は一刀斎とともに諸国の修行に出た。江戸に滞在中、一刀斎の剣術を徳川家康の上覧に供したとき、家康は一刀斎を召抱えようとしたが、一刀斎は弟子の典膳を推挙した。

文禄二年（一五九三）典膳は二百石で召抱えられ、二代将軍秀忠の兵法師範になり、小野次郎右衛門忠明と改名した。

忠明は、一刀流を大成し、その組太刀の指南法、稽古法を編成し、大太刀、小太刀、相小太刀、三重刃引、払捨刀、五点、他流勝之太刀、詰座抜刀を定めた。

一刀流は、忠明によって体系化されたのである。

てそれがわかったのかと尋ねたという。

武蔵は、観見の目付けですと答えた。武蔵が忠利公の御前に出るため、武者の居並ぶ中をずっと通っていったとき、宮本武蔵は往年に、巌流島で佐々木小次郎を撃ち倒したような剣士であるから、ある者はある種の恐怖心をもっていて、目の色が変わる。

偉いものが来たなと、恐怖の目をもって見ていた。ところが都甲金平は、まったく冷静な心で、「我も人なり、彼も人なり」と、自分とたいした差はないという眼差しで見た目の光があり、この者はたいしたものだと言った。

観見の目付けで人を見る

武蔵先生は観見の目付けで見ているのである。殿様が非常にびっくりして、「そうか」といったという話が残っている。観見の見の目付けで見るよりも、観の目付けで見ることに到達していたのである。

合理的精神

武蔵先生は、自らの経験を通じて、それが天の理に合っているか、どうかということを検討しながら、事にあたられたようである。

たとえば、相手と対して構えた場合、太陽を背に受けるということでも、実際に自分でやってみて、太陽を背にして対した場合、相手はまばゆくて、戦いができないという、実戦的なものと、天の理合というものを心に感受しながらやってゆかれた。それは頭の問題ではなかろうか。

頭は、優れて、抜群によかったと思われる。あの時代に、そのようなことを気づく人がいなかったことからも、そのことはわかる。それをいち早く気づかれたというところが、あの時代に武蔵先生が、一歩前進されていたともいえるのである。

到達した心法の世界

もの静かな武蔵

晩年、熊本に来られた武蔵先生は、非常にもの静かな先生であったといわれている。

隣の部屋にいても、その存在がわからなかったというくらい物静かであった。剣の面でも、先生の剣は、ピョコ、ピョコ跳ぶような剣でなく、足が地についた剣で、その辺が今の剣道とは、価値観が違う。

熊本では、刀を持たないで、杖をついていた。それは、すでに敵というものはない、だから、杖一本でいいという考え方である。

それだけ人間的にでき上がったということで、二十九歳までの血みどろになって戦った武蔵とは一変して、まったく和の、おだやかな、隣の部屋にいることさえわからない、静かな存在になったわけで、大した心境である。

五十歳にして、いうならば、これまでの剣法は誤りであったとした。非常な誤りであったという反省が強い。

人を殺傷するということが、剣法であるがごとく考えた自分の考え方が、誤りであった。剣は人間を生かす、人間形成の道であるということに到達された。

時代も、徳川幕府の平和な時代で、関が原の戦いのような戦いはないし、静かに治まっている世の中に、日本刀を差すということが、おかしい時代に突入してきていた。

そこに、鋭敏な先生であるから、そういう点は早く察知されたのだと思う。

刀というのは、人を殺傷するものでなしに、武士が刀を差しているのを、どういう方向に向けようか、と考えた結果が人間形成であった。人を切るという時代はすでに過ぎた、今後は人をつくるという面に、方向転換しなければ、と考えた。

これからは、人を活かす時代であるというところに帰着されたことは、武蔵先生の頭の良さ、切れ味があったと思う。

試合をしない武蔵

晩年、熊本に来られた先生は、試合をしない先生になっている。

武蔵先生を呼ばれた忠利公としてみれば、巌流島であれだけ戦った力を、何とかして試合をさせて見たいと思う欲望があった。

熊本に来て間もなく、一度柳生流の使い手である、氏家弥四郎という者と試合をすることを頼まれた。

武蔵は言下に、それを断った。私は、試合は過去のことで、今、人と争うことをしたくないと。勘弁願いたいと。

再三断るが、忠利公としては、折角雇った強い武蔵であるから、その強さを見たい。試してみたいという気持ちが多分にあった。

では条件があると武蔵はいった。試合は一切他の者に見せない。自分の前では小姓一人だけ。そして、このことは一切口外しないという条件であった。

そして、試合場所に幔幕を張りめぐらせ、そのなかで誰も見ていないところで試合をやるようにしたい。どちらが強かったかということはいわない。それならやってもよいということになった。

木剣一つ。氏家弥四郎は、柳生流の師範であるから、相当の使い手である。

一本目、立ち合って、立ち上がって、武蔵は五方の掛け声である、「ズーッ」で相手を制圧する。トッ、トッと相手は後ろに引いて、ひっくり返る。

二本目もまた同じように、「ズーッ」とゆくと、またひっくり返る。三回ともそれを繰り返し、全然話にならない。

それで、忠利公が立ち合うといって、武蔵と立ち合うわけである。忠利公は、柳生流の免許皆伝の腕である。忠利公の場合も、同じように三回とも、ひっくり返る。これは世にも不思議な剣法があるものだと。それは何だろう、と聞かれたときに、これは二天一流だというわけである。

そのことは一切口外しないという約束であるから、忠利公も他にはいわない。武蔵もいわなかったわけである。

しかし、それが何時とはなしに、二天一流というものが盛んになり、二千余名におよぶ弟子ができたということは、あの試合では武蔵が勝ったのだという裏付けではないかという話が残っている。

そのように、晩年に到っては、試合ということについては考えていなかった。

無理矢理にやらせられれば、殿様の前で相手を殺すようなことはやらない。しかし、相手の出鼻をくじいて、グーの音も出せないように仕向けてしまうことで終っている。

決して相手をたたいたり、片手を打ち落としたり、そういうことはないが、相手がどうにもならない状態になるまでのことはやっている。

氏家弥四郎は柳生流師範であるが、それから柳生流が熊本ではすたれてしまい、二天一流が盛んになったということである。

武蔵と剣道家

晩年の武蔵ということについては、斎村五郎（範士十段）先生にしても、持田盛二（範士十段）先生にしても、武蔵先生の晩年の心境を、早く学びたいと話されていたように、最終目的は晩年の熊本における宮本武蔵の在り方、そして心境を剣道家は学びたいと思われることが多い。

勝った、負けた、たたいた、たたかれたといっているのが、今の剣道である。武蔵先生は五十歳のときに、そういうことは、過去においては誤りであったと目覚めて、自分の考え方を変えている。

とくに剣聖にしてそうであるから、現在の人間にして六十歳を超えて、その境地になるのは、よいほうである。七十になっても、八十になっても、そうならないというのがふつうのようである。

●同時代の剣豪たち

小野《おの》次郎《じろう》右《え》衛門《もん》忠常《ただつね》

忠常は、慶長十三年（一六〇八）に生まれ、小野派一刀流の宗家を継いだ。

一刀流は、開祖伊藤一刀斎景久が創始し、神子上典膳、後に小野次郎右衛門忠明が大成した。

忠常は、忠明の子供で、剣術を父忠明から学び、優れているために、次郎右衛門を継いだ。

小野家では、その正統を継ぐものを、代々次郎右衛門と名付けた。

忠常は、父忠明が大成した一刀流の組太刀の指南法、稽古法に、さらに出刃、入刃、寄刃、開刃など四本を加えた。

六百石で将軍家光に仕えたが、将軍に指南をするとき、手心を加えなかったので、柳生流と小野派一刀流を習っていた将軍も、小野派には心象がよくなかったというエピソードも残っている。

忠明の子に、忠常と忠也がいるが、忠常には小野家を継がせ、忠也には伊藤姓を名乗らせたため、一刀流は小野派と、伊藤派に分かれた。

忠也は、剣を父忠明から学び、伊藤姓を継ぐときに、一刀斎が勝負に用いた〝瓶割刀〟を授かったと言われている。

忠常は、寛文五年（一六六五）十二月、五十八歳で死亡、忠也は、七十八歳で死亡している。

二十九歳までの剣法は、誤りであったと、堂々といっているが、あのような境地になるまでの、一つの過程としては、六十余度の真剣勝負をやった上ではじめて、老後の武蔵があるのである。

あれだけの試合をやらなかったら、そこまでゆくこともなかったかもしれないので、剣道をやる人は修行の過程の体験としては、大いに勝負を争い、そして相手を打ち負かし、喜ぶことも、負けて悲しむという感情的なものを含めて、修行ということからすればやるべきだと思う。

それを体得しながら、だんだん心の問題に進んでゆかなければ、悲しむべき存在で終わることになる。

今の剣道の傾向が、たたき合いの剣道であるというならば、これは武蔵の二十九歳までの剣道であり、五十歳になって、武蔵ははじめてその考えは誤りと回顧された。

今の剣道を修行する者がいち早く勝負という観念から、一歩脱脚するということが、大きな前進であるということを考えてゆかなければ、たたき合いの剣道に終ってしまうであろう。

剣道の若い年代が、剣道は勝負ではないと、高度なものだといって、はじめから高度なものを求めようとするならば、これもまた誤りである。

修行の過程であるから、苦しむべきところは苦しまなければならない。負けるところは負けなければならない。そして勝つところは勝たなければならない。それを通ってゆかなければ、最終目標だけを得ようとしても、とてもできないものである。

そういう意味からすると、武蔵先生が生命を懸けてやった二十九歳までの真剣勝負と、五十歳にして急転直下、人間形成へと変わられた心境というものは、今の剣道にとって、典型的なよい教訓になると思う。

武蔵先生にとって、勝つという意味合いは、自分の力を蓄えて、自分が相手に打ち勝つというのではなく、相手が自分に自然に、勝てないんだという状態を作ればいいというのである。

それが本当の勝ちであるのだ。相手は一つも手が出ない、駄目だという状態まで自分を錬り上げてゆけば、勝ち負けに囚《とら》われないで、戦わずして勝つのだというところに到達されたのが、他の人と違った点であると思う。

武蔵の心法

武蔵先生は、非常に考えの深い先生であり、我々があの心境に追いつこうと思っても、とても距離があり、足もとにも寄りつけないというのが実状である。

武蔵先生が、本当に剣道というものを通じて、日本民族に残したいという気持ちは、争いではなく、平和であるということに、帰着すると思う。

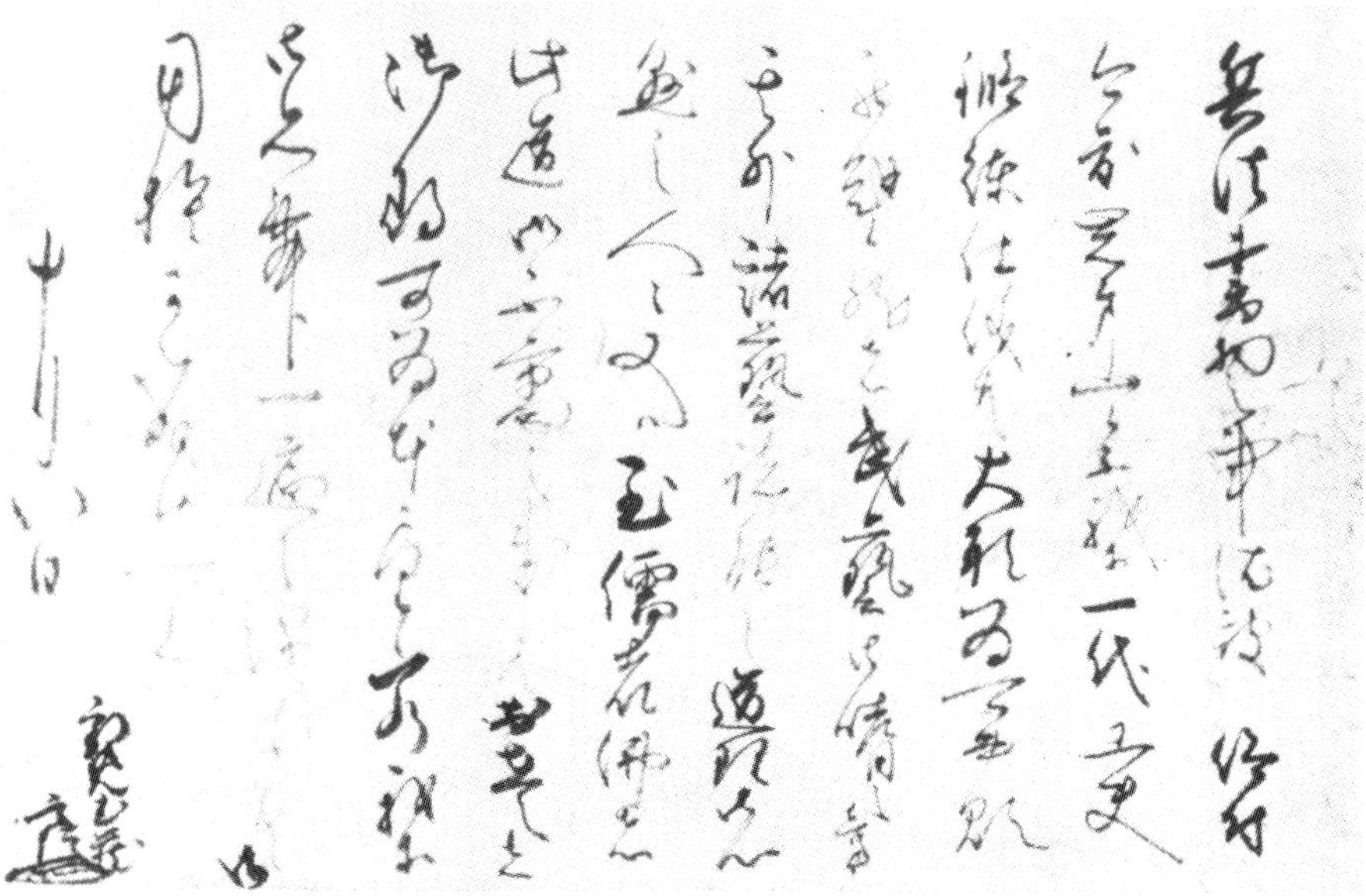

宮本武蔵・書状「兵法書物之事…」(熊本市・島田美術館蔵)

『五輪書』〝空の巻〟

二刀一流の兵法の道、空の巻として書顕す事、空と云心は、物毎のなき所、しれざる事を空と見たつる也、勿論空はなきなり、ある所をしりてなき所をしる、是則空也、

世の中におゐて、あしく見れば、物をわきまへざる所を空とみる所、實の空にはあらず、皆まよふ心なり、此兵法の道におゐても、武士として道をおこなふに、士の法をしらざる所、空にはあらずして、色々まよひありて、せんかたなき所を空と云なれども、是實の空にはあらざる也、

武士は兵法の道を慥に覺へ、其外武藝を能つとめ、武士のおこなふ道、少もくらからず、心のまよふ所なく、朝々時々におこたらず、心境二つの心をみがき、觀見二ツの眼をとぎ、少もくもりなく、まよひの雲の晴たる所こそ、實の空とするべき也、

實の道をしらざる間は、佛法によらず、世法によらず、おのれ〳〵は慥なる道と

おもひ、よき事とおもへども、心の直道よりして、世の大かねにあわせて見る時は、其身〳〵の心のひいき、其日〳〵のひずみによつて實の道にはそむく物也、其心をしつて、直なる所を本とし、實の心を道として、兵法を廣くおこなひ、たゞしく明らかに、大きなる所をおもひとつて、空を道とし、道を空と見る所也、空有」善無」悪、智は有也、利は有也、道は有也、心は空也、

この〝空の巻〟にも、空というものは、何も無いということではなく、有るということが、無いということにつながって、はじめて無というのがわかってくるのだといっている。

武道というものは、一生懸命に鍛錬し、そこに無心になった状態、何も考えない技、自然に対応する技が生まれてくる。それは無にして、自然の妙に入る。

心に何も思わないが、それが自然の法に適っているという段階までいかれたのである。我々は、そういう後を継いで、最高のもの、武蔵先生の無心という段階に、何時近づけるかという勉強以外にはない。

それには一にも二にも鍛練である。朝鍛夕練《ちょうたんせきれん》より他になく、鍛えて鍛えて鍛え抜いて、自分の心のなかから、これを掘り上げることが、今後の武蔵先生を研究する面での宿題であると思っている。

また、武蔵先生の二天一流を、子々孫々にまで残してゆきたい。このような崇高な形を我々に示して亡くなっておられるので、自分たちだけのことでなく、広く残してゆきたいという気持ちである。

剣道でいちばん大切なものは、心法である。具体的な目で見える、観見の目付けの見の目付けだけで、小手、面、胴をたたくだけに止まらないで、もう少し深く心で観察するところまで入ってゆけば、いいものが出てくると思う。

武蔵先生は、晩年に到るほど、心法の世界に入ってきている。最後は、人を切ることではなく、人を活かすことだという、現在いわれている、剣道は人間形成ということと一致している。

仏教では、自他不二の精神というが、これは自分と他者とが区別のないことである。たとえば、花と自分は自他不二である。花を見て、きれいな花だと同化して、自分というものを滅却した場合に、美しさというもの、花の存在がわかるように、自分を元において見るのでなく、無くしてしまうのである。

剣道で敵と相対して、自分を無くすると、これは他の流派でも無敵流というのがあるが、これは自分が強くて敵が無いというのでなく、自分自身が相手を敵としない

という考え方である。

そうすると、結局自他不二、自分と相手とは同じであるとなってくると、争うことでなく、静かに立っているのだと。そこに相手が来ても、こちらは意欲はないので、身にせまるまで明鏡止水の心でいて、来たら相手の非をとがめると、武蔵先生はいっておられる。

剣道というのは、自分のほうからポンと打つのではなく、あくまで心を静かにして、相手をよく見極める。相手と争うものではない。それが〝空の巻〟の真髄である。

沢庵の無心と武蔵の空

鬼一法眼が次のようにいっている。

「来れば即ち迎かえ、去れば即ち送る。対すれば即ち和す。五五十、二八十、一九十、これを以つて和すべし。虚実を察し、陰伏を識る。大は方処を絶し、細は微塵に入る。活殺は気にあり、変化時に随う。事に臨んで心を動かすことなかれ」と。

これも、相手が来たらば迎えて、攻めてくれば受けて、相手が退けば出る。それは一つの和である。相手が二であれば、こちらは八、五であれば五、一であれば九と足して十と、調和しながら人と戦うのが剣道であるといっている。

そのことを武蔵先生も、それは和合であるとわかっている。その和合の段階に到るまでは、人のことは考えないで、我でもってゆこうとする。

人と人との対話でも同じで、相手が話すとき、自分は黙って聞いている。これは和である。

自分が話すとき、相手も話す。これでは和が崩れてしまい、何もわからない。この対話は、実によく剣法を現わしている。

剣道も相手が攻めて来たときは、それに対応して、黙って聞いている。この態度が大事なところである。

相手が打つ前に打とうとしたり、打とうとする鼻を折ったりしては、それは我が強いということになる。相手と調和しながら、そこに本当に納得のゆく勝ちを得るというのが剣道の真髄であるから、無理をして勝っても、それは勝ちにはつながらない。

武蔵先生が、最後に到達した無心も、沢庵和尚が説明している無心と同じであると思う。

沢庵和尚は、無心ということは、心が無いということではないといっている。心が留まらないというのが、無心であると教えている。

水の上に笹舟を置けば、笹舟は流れてゆく。その流れてゆく状態が無心で、留まってしまうのは止心であると。止心は武道においては最も忌むべきことである。

この考えは、武蔵先生がもたれた理念と変らないと思う。無心は留まらない心、何にも囚《とら》われない心である。

たとえば、武蔵と鎖鎌《くさりがま》の宍戸梅軒との試合でも、吉川英治さんの表現では、家の中で風車が動いている。風車が動くのはどこかに風の通る空間ができているはずだと。

風車が動いているということに、人の気配を武蔵は察知する、自然の動きからも、敵というものの存在を認識するという点で、心が一カ所に留まっていない。

というように流動的で、そのとき、そのときで的確にものを感じながら、それに囚《とら》われず、順応してゆくというところは、先生以外の人には真似のできない心をもっておられたと思う。

笹舟の流れる状態が無心と説く沢庵和尚

五百羅漢（手前）と霊巌洞

第4章
武蔵と『五輪書』

『五輪書』の背景と意図

『五輪書』と「兵法三十五箇条」

武蔵先生が、細川忠利公の客分として、熊本に来られたのが、寛永十七年（一六四〇）であった。

その翌年、寛永十八年（一六四一）、先生五十八歳のとき、忠利公の命を受けて書いたのが「兵法三十五箇条」である。

兵法二刀の一流数手鍛練仕処、今初て筆紙にのせ申事、前後不足の言のみ難申分候へ共、常々仕覚候兵法之太刀筋心得以下、任存出大形書顕候者也。

一、此道二刀と名付事
一、兵法之道見立処之事
一、太刀取様之事
一、身のかゝりの事
一、足ぶみの事
一、目付之事
一、間積りの事
一、心持之事
一、兵法上中下の位を知る事
一、いとかねと云事
一、太刀之道之事
一、打とあたると云事
一、三ツの先と云事
一、渡をこすと云事
一、太刀にかはる身の事
一、二ツの足と云事
一、剣をふむと云事
一、陰をおさゆると云事
一、影を動かすと云事
一、弦をはづすと云事
一、小櫛のおしへの事
一、拍子の間を知ると云事
一、枕のおさへと云事
一、景気を知ると云事
一、敵に成と云事
一、残心放心の事
一、縁のあたりと云事
一、しつかうのつきと云事

一、しうこうの身と云事
一、たけくらべと云事
一、扉のおしへと云事
一、将卒のおしへの事
一、うかうむかうと云事
一、いはをの身と云事
一、期をしる事
一、万理一空の事

右三十五箇条は、兵法之見立心持に至るまで大概書記申候。若端々申残す処も皆前に似たる事どもなり。又一流に一身仕得候、太刀筋のしなぐ〳〵口伝等は書付におよばず、猶御不審之処は口上にて申あぐべき也。

こういう見出しで、内容を書き、寛永十八年に忠利公に呈しているが、この兵法三十五箇条は、ほとんど後の五輪書の骨子ともいうべきものである。

最後の万理一空が、五輪書では〝空の巻〟に述べてあるだけで、他は同じで、それに「てにをは」を付けてまとめたものが五輪書である。

武蔵先生が、熊本に来るとき、すでに頭のなかには、五輪書の骨子はでき上がっていたと思われる。

金峰山霊巌洞を選ぶ

武蔵先生が、五輪書を書きはじめられたのは、寛永二十年十月からである。そして、正保二年（一六四五）五月十二日門人の寺尾求馬之助勝信にこれを与えているから、ちょうど一年八カ月かかって、まとめたことになる。

熊本市の西に金峰山《きんぽうざん》という山がある。先生は、金峰山には、泰勝寺の春日和尚と一緒に歩き、山の裏側にある霊巌洞《れいがんどう》では、座禅を組まれた。

金峰山は今でも深山で、田舎である。おそらく、寛永二十年頃は、下に人が通っていたとしても、その人が霊巌洞まで来るのに三十分はかかったであろう。

そういう洞窟を五輪書を書く場所として選んだのは、いうならば、六十余度の真剣勝負をされた先生であるから、畳の上に居れば、賊が入って来て殺すかもしれないと考えたからではないか。

洞窟ならば、後ろは洞であり、それに高いところであるから、低いところに人影を見ても、三十分もかかるので安心である。そういう緻密《ちみつ》な用心の心をもっておられたと思う。

あの時、熊本城の近くの千葉城に武蔵居宅があったので、そこで書けば便利でもあったのに、霊巌洞に行って書かれたということは、自分の頭を鎮《しず》めると同時に、そういう危険性を全部抜いてしまえるところを希望されたのではなかろうか。

沢村大学に案内されて、行ってみて、この場所だと思

遠方に金峰山を望む

われたのではないかという感じがする。

それと、霊巌洞のある金峰山は、自分の郷里の山々に非常に似ている。岩があり、深山であり、好んでよく行かれた場所でもあった。

金峰山は熊本のシンボルであり、東に阿蘇あり、西に金峰山ありといわれるくらい大きな山で、その裏手に霊巌洞はある。

『五輪書』は求馬之助に

一年八カ月かかって書き上げた五輪書は、地、水、火、風、空の五巻の巻物にして、弟子の寺尾求馬之助勝延に与えている。

兵法三十五箇条は、細川忠利公に渡し、五輪書は弟子に渡したものである。

その後、五輪書は、勝延から代々寺尾家にあったが、代々継いでゆくうちに、どこへいったか行方がわからなくなってしまった。

現在、五輪書として残っているものは、当時祐筆（ゆうひつ）が多くいたので、それを写本して配ったもので、細川家にも一つはあるが、多分、祐筆によるものであろう。元のものは、手が入っていたりして、あんなきれいなものとして残っていないだろう。武蔵先生の字にしては美しすぎるのも疑問である。

『五輪書』の内容

五つに分ける

五輪書は、五巻の巻物として書かれているが、前にも述べたが、兵法三十五箇条では不充分なところがあるので、それに「てにをは」を付け加えて、大小漏れなく全般にまとめたものである。

一巻は、〝地の巻〟で二天一流の基礎的な考え方を八項目にしてまとめ上げている。

二巻は、〝水の巻〟で、二天一流の剣法のすべてを網羅してある。

三巻は、〝火の巻〟で、相手と戦う場合の状態を、二十七項目にわたって説明している。

四巻は、〝風の巻〟で、他流の剣法のこと、その比較によって自流の優位性を九項目にまとめている。

五巻は、〝空の巻〟で、総仕上げとして空のことを、この空は、仏教的に解釈されていると思う。

この分け方、地、水、火、風、空は仏教の分け方であると思う。先生は〝地の巻〟のなかで、仏法儒道の古語をも借りずといっておられるが、修行された禅などから、分け方に使われた、地、水、火、風、空という言葉は仏教の言葉で、とくに空などは多分に仏教の心が入っていると思われる。

その特長は、たとえば〝地の巻〟にも、千日の稽古をもって鍛となし、万日の稽古をもって練となす、ということをいっておられるが、鍛錬ということ、朝鍛夕練という言葉も五輪書のなかから出てくるものである。

自分の武道の極意というものを、自分の体験を通してまとめた。「よくよく鍛練あるべきこと」と、一項目、一項目の最後には、必ず、「よくよく吟味あるべきこと」「よくよく吟味あるべきこと」、そういう言葉を残して、鍛えなさい、そして鍛えた答えはこれであると書いている。

総じてみると、五輪書は「とにかく鍛えなさい」という一語に尽きる。

武道というものは、頭でなくて、自分の体験によって身体で獲得するもので、他から与えられるものではない。自分のもっているものから引き出すものであると。それには鍛練して、内にあるものを掘り出す、それが武道であるということをいいたいわけでる。

武蔵先生は、この五輪書の冒頭で、十月十日夜寅の一点に筆をとったと書いてあるが、寅の一点を何故強調したかを考えると、旧暦十月十日の寅の刻はその日の初まりである。物事のおこりである色からおこりへ移る一瞬こそが寅の一点なのである、と解釈できる。

『五輪書』と二天一流の形

五輪書のなか、〝水の巻〟で、五方の構え、太刀の道と、五つの表《おもて》のことが書いてあるが、これは二天一流の形の内容を説明しているものである。

これを実際にやってみると、前章で著わしたようになる。喝咄《かつとつ》切先返《きつさきがえし》、義談《ぎだん》、水形《すいけい》、重機《じゆうき》、右直《うちよく》という名称は、先生の昔の円明流時代の裏の名称である。

したがって、五輪書では、その名称は出てこない。二天一流で、いちばん大事なことは、つまり、刀の道筋についてである。刃筋を立てることは、日本の名工が作った刀は刃筋さえ立てれば、全部切れるようにできているのだということである。

使い方が悪いから切れないのだ。刃筋を立て、振りよきように振れ、重さと調和した振り方でないと切れないのだということを、五輪書では強調している。

また、掛け声も、「ズーッ」というときは呼吸を止めていないとできない。そこで、呼吸の調整をやる。それを長く続ければ続けるほど、気力が長くなる。その点が特徴である。

掛け声の、「ズーッ、タン、ヘッタイ」は、絶対の訛《なま》りだといわれている。タンは断つ、断ち切る、ズーッは草木の伸びるように留まらない、ということである。

指田先生からいわせれば、掛け声は聞き方によっては、音楽であり、静かに立っている姿は彫刻であると。動くことは舞で、すべての文化が合流した作が二天一流であるといわれていた。

『五輪書』の読み方

武蔵の足跡を辿《たど》ると、剣道というのは、最初は相手を殺すという気がなければ成り立たない。しかし、それだけでは通用しないことがわかる。

修業して、最後は〝空の巻〟に到る段階、過程を五輪書は示しているのである。

人を殺すときは殺した、やっつけるときはやっつけた、それだけでは誤りであったということを、武蔵先生は五十にして悟った。

そして、自分の修行の道に入ってゆき、最後に人間形成に入ってゆく。これは、剣道の修行の過程を立派に表わしている。

五輪書は、初段という段階から読んでいいと思う。詳細はわからないかもしれないが、一応読んでいくと、それが基礎になって、またわかるところが出てくる。

自分の剣道をやる面の心構えというか、心の持ち方というものは、どの剣道の本にもない。とくに心法についての本はまったくないといってよいであろう。

技法（技術）だけでなく、とくに心法については、五輪書はいちばんいい教本である。

それと、修行の進み方も、五輪書に明記してある。〝空の巻〟に到るまでは、一生修行であるから、そのことを自分の心によく言い聞かせてやってゆけば、誤ることはないと思う。

また、五輪書は、剣道人だけでなく、社会人でも大いに参考になる。一つの道を極めた先生であるから、道ということになれば、どんな道も共通して、原点に返ってくるものである。

商売する人でも、道は剣の道と同じということである。

剣道の場合も、ここは危険であるという場合、危険ではない彼我《ひが》の対立がある。そこの見極めと、ふつうにやっているけれど、その裏には何が起こるかわからないという、未知の世界がある。そういうところは、あらかじめ注意しておかなければならないという教えなどは、すべての道に通じて、共鳴できるのではないか。

五輪書には、そのような各分野に共通点が多い。それが読む人の為になるのである。

もちろん、武蔵先生は、商売について考え書かれたものではない。剣道という道を一生懸命に説き、人間が一

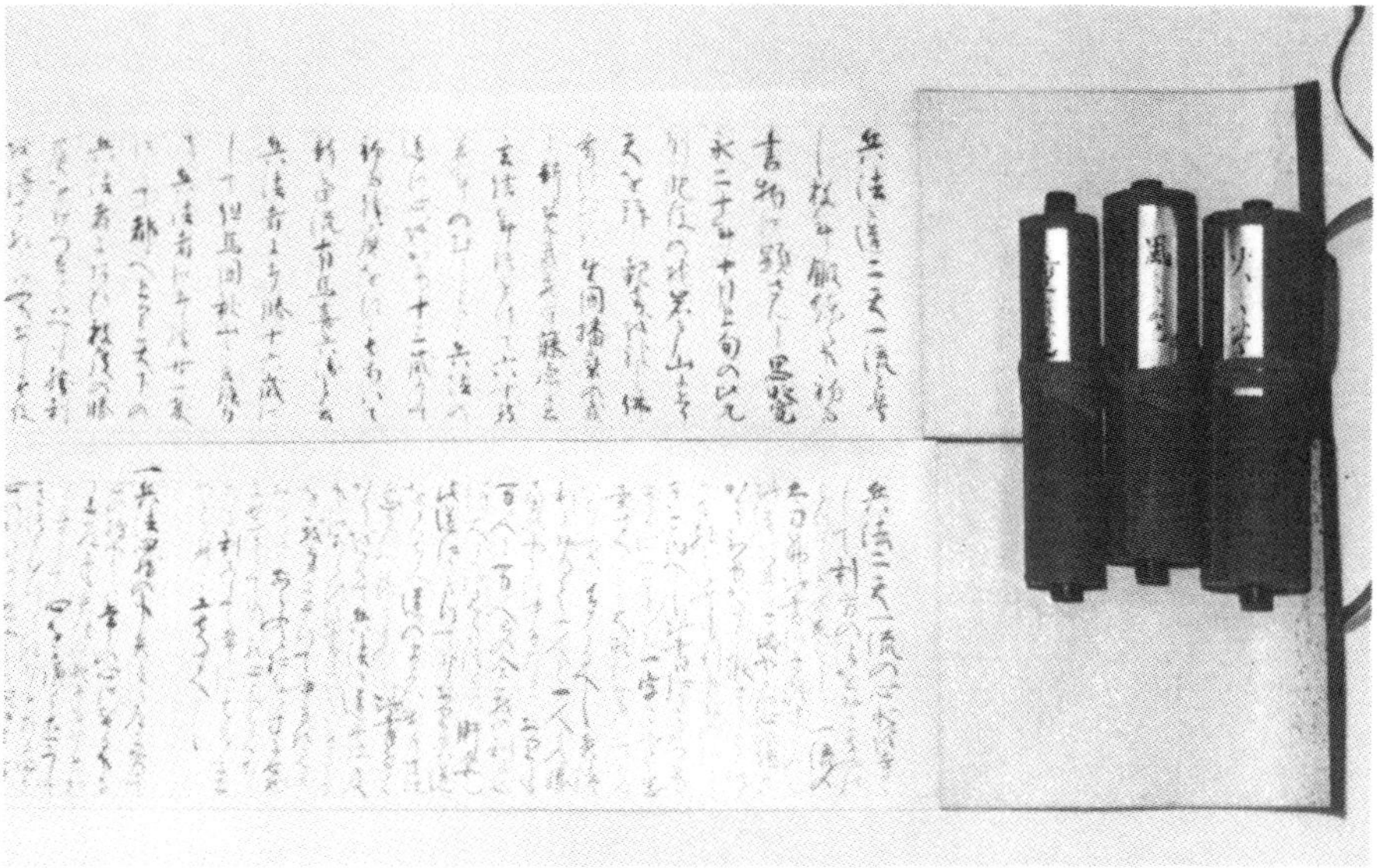

『五輪書』は各分野に共通する点が多い

生懸命になって説く理合には、すべての道に合致するものが含まれているのではないか。

五輪書は、とくに剣道を修行する者にとって、五年前に読んだときに感じなかったことが、五年後に修行の過程によって解釈できるところがある。

最初は、言葉も地方の訛《なま》りが出てきたりで、解釈しずらいところがあるが、読んでいると、修行をしないと実践していかないとわからないということがわかってくる。

今五輪書を読んで、強く感ずるところは、私が未だ若く、東西対抗（剣道の高段者の全国大会）などに出て、勝負をしていたときは、〝水の巻〟がいちばん勉強になった。ところが、現在は〝空の巻〟である。剣というものは、人を殺傷するものではなく、人間形成であるということである。

攻めをもちながら、手を出さない。相手の打ちに応じて、仕事をするのだという考え方が、年齢にもよるが、剣道の修行の過程によって、五輪書のなかでも、読む力の入れ方が違ってくるものである。

若い頃は、〝水の巻〟とか、〝火の巻〟とかを読み、相手に対してどういう戦いをやるか、どういう戦法でゆくかということのほうに力が入る。

そして、だんだん〝風の巻〟になって、相手の出方というもの、他流の流れというものを知りながら、最後は〝空の巻〟の段階に入ってゆくという過程ではないかと思う。

とくに、五輪書は、五年ぐらい経つと、見方が変ってくる。自ら行じておれば、それに応じて読むべき個所が違ってくるものだと思う。

●同時代の剣豪たち

小《お》野《の》次郎《じろう》右衛《え》門《もん》忠也《ただなり》

忠也は、一説には小野次郎右衛門忠明の弟とも言われ、また子供（長男）とも言われている。

伊藤一刀斎景久の創始した、一刀流を継いだ忠明は、忠常に小野派一刀流を継がせ、忠也には〝瓶割刀〟を渡して、伊藤一刀斎の後を継がせている。

小野次郎右衛門忠明より一刀流を継ぐものに、小野次郎右衛門を襲名させているので、三代から一刀流は小野派一刀流と、伊藤派一刀流に分かれている。

剣の修行で、諸国を巡っているとき、忠也は神子上典膳を名のったと言われている。典膳は忠明が小野次郎右衛門と改名する前の名前である。

忠也を、伊藤典膳忠也とも言う。一刀流忠也派の祖は忠也であり、その道統には、井藤平四郎忠雄、根来八九郎重明、溝口新五左衛門正勝、間宮五郎矢兵衛久也、古屋次郎右衛門信知などがいる。

溝口の系統には、桜井五郎助長政、逸見義年などがおり、甲源一刀流の支流になっている。

第五章

武蔵の生涯

幼少から少年期へ

武蔵の出生

武蔵の出生については、いろいろな説があるようである。

例えば、作州出生説がそれである。作州出生は、岡山県英田郡大原町宮本で生まれたというもの。また、播州出生説というのがあるが、これは兵庫県印南郡米堕村（現在の加古川市米田町）出生というものなど、いろいろ研究家によって説が唱えられている。

武蔵先生が、五輪書の〝地の巻〟の冒頭に、「生国播磨の武士新免武蔵守藤原の玄信、年つもつて六十」と書いている。

私たちは、播磨《はりま》ということで素直に解釈しているが、説によっては兵庫県であったり、岡山県であったりする。自ら書いている播磨を信頼していいと思う。

他に説があったりしても、武蔵がこう書いて、ここに生まれたといっているのだから、違ったものが出ると、五輪書が嘘を書いているようになる。

素直に播磨の国というのが、いちばん妥当だと思う。武蔵の場合、五輪書に書かれているものが、唯一の確かなものといえる。

天正十二年、播磨国で生まれた武蔵は、戦国の世で、この年、小牧長久手の戦があり、秀吉が関白となっている。

ここから、武蔵六十二歳の生涯がはじまるのである。

父無二斎

武蔵の父無二斎は、十手の師範であった。この人も資料がなくなかなか確かなことがわからない人で、亡くなったときも、つまびらかでないようである。

無二斎が武蔵と非常に関係が深いということは、今まで出された書物などによって、そういう感じがするが、小説などでいろいろ書かれるため、いろいろな説が乱れ飛んでいる。

直木三十五、菊池寛なども、まったく対照的な私観をもっていた。直木三十五は、武蔵は剣道が下手であったとするが、菊池寛は、吉川英治ばりの武蔵崇拝のところがあった。

武蔵の幼名は、弁之助といった。その後、自分の信頼した弟子寺尾信行の五男に付けている名も、弁之助というのがある。

誰に剣術を学んだか

今の時代のように、剣道の基本的な指導は、その当時なかったろうから、一つは天性の剣法であったと思われる。

武蔵は、刀を使うということより、木剣を使うということのほうが多かったし、勘が強いし、人より非常に優れていたわけで、ある説では、小さい頃、自分の親父の無二斎に小刀を投げられたのを身をかわして、にこやかに笑ったということがいわれているが、これなどは小さいときからの天性であったと思う。

有馬喜兵衛との試合

五輪書でも書いてある通り、「十三歳にして初めて勝負をす、其相手は新富流有馬喜兵衛という兵法者に打勝つ」と、有馬という兵法者と試合をしている。

この有馬との試合は、武蔵十三歳のときで、十三歳といえばまだ少年である。この時も、割れ木を持って、有馬をつかまえ、抱き込んで、投げて倒れるところを、木剣で頭を数十回擲って、打ち殺している。

武蔵にはそういう残虐な性格があり、血を見ると非常に嬉しいという感覚をもった性格で、自分と両立しない相手をやっつけてやろうという気持ちが旺盛であった。十三歳にして兵法者有馬を打ち倒すこと自体、よほど優れていないと、子どもが大人に向かってゆくというわけにはいかない。

武蔵が相手の懐のなかに、刀のなかに飛び込んで行ったという感覚は、一生涯もっていたろう。

自分を殺せば、簡単に敵の懐に入れるものであるという実感を十三歳にして得た。その後の試合においても、先ず死を捨てるということをしているが、自分の死を捨てることは、結果的には生きるのだという経験を十三歳のときからやっていたのである。

それが、武蔵が勝負の大きな勘どころをつかんだ試合ではなかろうか。

今のような剣道の方式で、小手、面、胴をたたくということもなかったから、天性のものを持っていたと考えられる。

剣道でもよくいわれているが、人間には撥《は》ね打ちというのがある。相手が打ちにくる、パッと受ける。これは剣道を習っているいないにかかわらず、日本人は皆これが上手である。

これが撥ねである。刀でも、相手が切りかかってきたものを、切られたと思うところまで切らせて、パッと受けるという受け動作は、あらゆる人間に与えられた特権だという説明がされている。

　撥ね打ちに到るまでの度胸のよさ、寸前まで切らせるという、当たるか当たらないかの瞬間に、パンと切って返す剣法であるという考え方。

　武蔵先生も、自らは先に切らないけれども、相手が切りかかってきたら、振りかかる火の粉を払わなければならない、一つの撥ね打ちで、相手をやっつけていたという気がする。

　武蔵先生が、剣聖にまでもいったというのも、初戦の有馬喜兵衛を倒したということに、深いものを会得されたからだと思う。

成年期の武蔵

吉岡一門との試合

　慶長四年（一五九九）、十六歳の武蔵は、但馬国秋山某という兵法者と試合をして勝っている。翌慶長五年、天下分け目の関が原の戦いが行われている。

　青年武蔵が、この関が原の戦いに出陣したという話があるが、これはまったくの想像である。

　それも、時代が青年期でもあるし、関が原の戦いに武蔵が剣を持って立とうとする欲望と結び付けて脚色したのではなかろうか。

　関が原の戦いでは、東軍の勝利に終わり、長い戦国時代の世も、やがて徳川家康によって統一される方向に動いていった。

　武蔵の青年期は、諸国を転々とし、剣を以《も》って身を立てようという時代でもある。

　関が原の戦いにしても、武功を立てれば、大きなところへ仕官採用されるという狙いを当然もっていたとしても不思議ではない。

　何とか武功を立てたい。そして仕官したいという気持ちで各所を廻った形跡はある。仕官したいために一肌抜いで、天下に宮本武蔵ありという、勇名を博しない限り、採用されないわけで、そういう場を求めて彷徨したということは当然考えられるわけである。

　慶長八年（一六〇三）、徳川家康による天下統一がなされ、家康は征夷《せいい》大将軍となり、江戸に幕府を開いた。翌慶長九年、武蔵二十一歳のときに、京都で有名な吉岡一門との決闘をしている。

「二十一歳にして都へ上り、天下の兵法者に会い、数度の勝負を決つすといえども、勝利を得ざることなし」と、五輪書のなかにも書いている。

これが吉岡一門との決闘で、京都の兵法家吉岡憲法の子清十郎、弟の伝七郎、清十郎の子又七郎と三回の試合をしたことになっているが、確かなことは資料がないために分かっていない。

この頃の武蔵は、郷里を出て、郷里にはほとんど居つかなかった。どこかで頭角を現わし、仕官できればしたいという望みがあったからである。

晩年の武蔵であるが、百万石以下の大名には仕官しないと、高い希望をもっていた。青年期にこのような高い希望をもっていたかどうかは明らかではないが、天下の兵法者吉岡一門に勝つことによって、その名は広く知れ渡っていった。

五輪書のなかにも出てくるが、〝水の巻〟などから考えてみると、決闘の経験からいつの間にか会得されたようなところがある。

その会得された分野は非常に深く、たとえば「たけくらべ」ということにしても、高さのことをいっているのだが、相手と戦う場合、少しでも高くなれということなどは、実際に剣道をやってみて、はじめてわかるもので

●同時代の剣豪たち

宝蔵院《ほうぞういん》覚禅房《かくぜんぼう》法印《ほういん》胤栄《いんせい》

宝蔵院覚禅房法印胤栄は、宝蔵院流槍術の祖である。奈良宝蔵院は、興福寺の塔頭で、塔頭は大寺の中にある寺院のことである。

宝蔵院の院主であった胤栄は、武芸が好きで、いろいろな武芸を習ったが、槍術に秀れ、自分の工夫した鎌槍を用いたが、剣にも秀でていた。

永禄六年（一五六三）上泉伊勢守秀綱は、門弟疋田豊五郎などを連れ、五十六歳にして剣の修行に諸国を巡るが、奈良宝蔵院にも立ち寄った。

このとき胤栄は、上泉伊勢守から新陰流を学んでいる。伊勢守はさらに柳生に入り宗厳にも新陰流を伝えている。

宝蔵院流槍術は、中村政尚に正統が伝えられ、政尚から高田又兵衛吉次に継承された。そして高弟の森平政綱ら三名が江戸に出て、その槍法を世に広めた。

明治から大正にかけて、皇居内済寧館に出仕した山里忠篤から、第一高等学校撃剣部に槍合せ型五十本が伝習されて、石田和外（元全日本剣道連盟会長・故人）が伝承した。

石田和外から、現在奈良の西川源内（剣道範士八段）に伝えられている。表十四本、裏十四本などがある。

一乗寺下り松の決闘

ある。

これは、一対一の場合でもそうであるが、戦う場所を選ぶには、相手より少しでも高いところに位置せよということである。

また、当時は野戦であるから、日光に対して正面を向けないで、背を向けようというような些細なことにわたって、注意深く気をつかっている。

慶長十年、徳川幕府は、二代秀忠の治世となり、世の中は平和な方向に移りつつあった。

佐々木小次郎との試合

武蔵も五輪書でいっているが、「其後国々所々に至り、諸流の兵法者に行き合い、六十余度まで勝負をした」と。その間、有馬喜兵衛と十三歳ではじめて試合をしたときから、二十九歳で佐々木小次郎と試合をするまで、十六年間である。

慶長十七年、小倉藩細川忠興公の家老長岡佐渡守興長が、武蔵の父無二斎の弟子であったことから、長岡佐渡守に小倉藩の佐々木小次郎との試合を申し込んだ。武蔵二十九歳のときであった。

これが、船島（巌流島）の決闘といわれているものである。

船島は小倉から船で漕《こ》いで一時間ほどのところであった。武蔵は試合当日、約束の時間に遅れている。武蔵にとってみれば、試合の約束をしたときから、すでに勝負は始まっているのである。

この決闘で武蔵は、木剣を使っている。私の持っている木剣が、巌流（後に小次郎は巌流と名乗った）との試合で使った木剣であるといわれている。

この木剣は霊巌洞《れいがんどう》の近くにある霊巌寺に宝物として飾ってあったものである。これを寺の住職が人手に渡し、それが人吉《ひとよし》（熊本県）にいっているものを原型をとって復元したものである。

この木剣には四尺二寸の長さの中心に、二本の釘が打ってある。そして、先の部分に銀杏《いちょう》の実ほどの大きさの穴が彫ってある。それが何であるかはわからない。

この木剣は真直ぐで、六角に削られ、先にゆくほど太くなっている。非常に重い木剣である。ただ、試合前、二時間ぐらいの間に削ったにしては、あまりきれいなので、これだけのものが、はたして二時間で削られるかという疑問が残る。

これは、もしかすると、そのときのものではなくて、後で同じものを作ったのではなかろうか。

おそらく巌流は、あの頃、物干竿といわれるような長い刀を持っていた。

武蔵は非常に慎重な人であるから、その刀の寸法なども、試合の事前に調べていると思われる。

その長い刀に対して刀を考えてみたが、そんなに長い刀はない。相手との間合い（剣道をするときの相手との距離のこと）ということを考えると、寸分でも、五分でも長ければ得である。そういう考え方で船の櫂《かい》を考えたのではなかろうか。

それと、武蔵には天性のものがあり、刀で修行した剣法ではないので、木剣であろうと、割れ木であろうと、何でもいいのであるから、いちばん使い馴《な》れた木剣を選んだのである。

佐々木小次郎を倒した木剣(復製)に刻まれた文字

この重い木剣を使いこなすには、六尺余の大男で、力が非常に強かったということはいえる。

武蔵が非常に力が強かったことは、後に熊本の忠利公のところでも明らかにされている。

昔は武士は旗竿を立てて戦場にいった。そのときの竿を並べて、どれがいいかと忠利公が武蔵にいうと、大きな石を持ってきて、石に竹竿をたたきつけ、割れたものを捨ててしまったという話が残っている。背丈は大きく、強い力の持ち主であったことがわかる。

四尺二寸、重い木剣である。この木剣で、佐々木巌流(小次郎)を打ち倒し、引き上げてきたというのが、巌流との勝負であった。武蔵は、六十余度の勝負をしたといっているが、その一つ一つの細かい試合については五輪書には書いていない。

旗竿を選ぶ

空白の二十年間

同時代の流派

慶長十七年（一六一二）武蔵二十九歳のとき、豊前《ぶぜん》小倉で、巌流と決闘をした後、姿を消して約二十年間、その間の消息はわかっていない。

戦国時代から、徳川による天下統一の時代は、剣法が盛んになった時代でもある。

武蔵が生きていた、同時代の流派を見ても、それはわかる。

柳生新陰流は、石舟斎が慶長十一年に没し、その子柳生但馬守宗矩が徳川将軍の指南役として仕えている。そして、名古屋では、柳生兵庫助利厳が、尾張の徳川家の師南役であった。

一刀流では、伊藤一刀斎景久、その弟子の小野次郎右衛門忠明、小野次郎右衛門忠常と続く流派も、同じ時代である。

また奈良には、槍術の宝蔵院覚禅房法印胤栄《いんえい》が名を現わしていた。

九州鹿児島では、示現流の東郷藤兵衛重位、群馬には

●同時代の剣豪たち

荒木又右衛門保知《あらきまたえもんやすとも》

荒木又右衛門は、慶長四年（一五九九）、伊賀国阿拝郡服部郷荒木村で、藤堂家の二男として生まれた。

慶長十五年（一六一〇）服部平兵衛の養子となったが、養家を去って荒木と名を改めた。

又右衛門は、父から中条流、叔父から神道流を学んだと言われている。

また、柳生十兵衛三厳から新陰流を学んだとも言われているが、いろいろな説がある。

又右衛門は、大和の郡山城主松平下総守忠明に仕え、二百五十石に取り立てられ、剣術の師範になっている。

備前岡山藩主池田忠雄の家臣で、渡辺源太夫の姉を妻としていたので、源太夫が同藩の河合又五郎に殺されたとき、源太夫の兄数馬が仇討ちをするのを助太刀した。

伊賀上野鍵屋の辻で、その本懐をとげた。このとき又右衛門は、河合側の者二人を斬ったと言われている。寛永十一年（一六三四）一月五日のことであった。

後、鳥取藩池田光仲に望まれ、鳥取藩に引きとられたが、このときの行列は、弓、騎馬、鉄砲、徒衆等二十名に近いものであったと言われている。

その年の八月、又右衛門は急死した。四十一歳の若さであった。

馬庭念流の樋口十郎左衛門定勝と、いろいろな流派剣法が花開いていた。

武蔵が、佐々木小次郎と試合をして間もなく、慶長十九年に大阪冬の陣、慶長二十年大阪夏の陣があり、武蔵がここに参加していたという説もあるが、史実には何もない。

小次郎との試合の後、剣の修行をして、諸国を廻っていたのだろうが、諸説にいろいろ疑問のところが多い。江戸に行ったとき、江戸ではすでに、徳川家の師範として柳生宗矩等がいた。江戸では仕官は考えていなかったと思われる。徳川家に招聘《しょうへい》されたとき、武蔵は大きな太陽の出る絵を残して立ち去ったということがある。

尾張では仕官したいという考えはあったが、柳生兵庫の一言によって実現しなかった。

福岡の黒田藩あたりに来て、ここに仕官しようと思ったが、ここでも仕官しなかった。この頃の武蔵は、百万石以下の藩はあまり対象にしていなかったようである。この空白の二十年は、またいろいろな解釈や想像が生まれるところでもある。

勉強した時代

私たちの学校時代の先生で、田中先生という歴史の先生がいた。その先生がいうのには、武蔵はおそらく、あれだけの実戦をやって、経験を積んだ人であるから、より以上に剣にいそしむか、それ以上のものを獲得しようと山奥に入ったか、あるいはどこかに身を隠して修行をしたか、いろいろ考えられるが、不思議なくらいその足跡がないと。

証拠になるものがないので、ただ想像するだけである。しかし、非常に勉強をされたということだけはいえる。

「寒流月を帯びて澄めること鏡の如し」、これなどは支那の白楽天の詩のなかにあるもので、そのなかの一節、芸者と役人が酒を汲み交している、外を見たら月は冴えて霜は刃のようであった、という一句を採って、二天一

流の心法にしたことは、簡単なようで、簡単でない。よほど勉強をしていないとできることではない。

吉川英治さんは、姫路城の天守閣の一室に上げられて、大分勉強したと表現しているが、勉強したのは事実のようである。

「春風桃季花開夜　秋霜梧桐葉落時」など、春になって花が咲き、秋になって葉が落ちるという。これを自然の道理であると解釈して、すべての人間はやがては死ぬのだ、生まれて死ぬのは自然の理なのだ、というところまで説いている。これなどからすると、相当勉強したと思う。

後のことになるが、熊本に来られてから、春山和尚と禅を組まれた。しかし、来てすぐ禅を組んだのではなく、それまでに、武蔵のなかに禅というものがあったのではないだろうか。どこかに籠ったり、あるいは坊さんと一緒に座禅をしたり、そういうことをやっていたから、熊本でも春山和尚とつき合って、五輪書にあるような道に入られたということは想像できる。

九州一円、佐賀に行くと武蔵が使った井戸というのが旅館に残っているが、九州各県、とくに温泉地帯をよく廻っている。阿蘇とか、河内（熊本）の温泉などに湯治に行ったと思われる。相当酷使した身体だから、いろいろ、神経痛などが出ていたのではないか。温泉で足腰を治すということで、九州には足跡はある。

●同時代の剣豪たち

丸《まる》目《め》蔵人《くろうど》佐《のすけ》徹斎《てつさい》

丸目蔵人佐徹斎は、タイ捨流の創始者である。

天文九年（一五四〇）に肥後人吉（現在の熊本県人吉市）で、丸目与三右衛門の長男として生まれた。

通称を蔵人佐と言った。弟が三人おり、寿斎、喜右衛門頼蔵、吉兵衛と言ったが、幼少より剣術を学んだ。

十六歳のとき、父とともに初陣して、薩軍と戦って天草城主天草伊豆守のもとで、兵法を修行したという。

十九歳のときに上京して、上泉伊勢守秀綱の門人となり、宗厳などにも劣らないほど上達した。

帰国して、相良義陽に仕えるが、許されて、門人寿斎、吉兵衛、木野九郎右衛門を連れて上洛し剣術を修行した。

永禄十年（一五六八）、上泉伊勢守秀綱から新陰流の印可状を受け、その年に再び帰国し、相良藩士として九州を武者修行して巡った。

この時代、九州では蔵人佐の右に出る者はないほどになり、新陰流が風靡した。

蔵人佐の剣法を新陰流タイ捨流というが、タイ捨流の流名は、大捨流、体捨流、太捨流などという文字を宛てていたが、タイと仮名で書くようになった。

蔵人佐は、寛永六年（一六二九）五月七日、九十七歳で没した。

晩年の武蔵

忠利公からの招聘《しょうへい》

寛永十一年(一六三四)、武蔵五十一歳のとき、養子伊《い》織《おり》と一緒に小倉に現われる。

そして、小笠原藩に伊織を仕官させ、自分は客分として小倉に約五年間滞在することになる。

伊織は頭がよかったので、小笠原藩の家老にまで出世している。

寛永十五年、島原の乱があり、武蔵は幕僚としてこの戦いに参画している。

武蔵が、熊本に来ることについては、寛永十四年のときから、細川忠利公は、今でいう人事係坂崎内膳を毎年派遣して招聘している。

それから三年目にあたる寛永十七年春、伊織は、武蔵に、年をとったので、納まるところに納まったほうがいいではないか、それには忠利公は名君のほまれが高い。

熊本は武道の盛んなところである。乞われてそこへ行って、終焉《しゅうえん》の地を定めたらとすすめられ、その気になり、寛永十七年春、承諾して条件を書いて送っている。

条件の一つは、国の政についてご質問があれば、自分が修行した剣の道によって、政治の道を説きますと。一つは、金銭的な欲はない、家屋とか、その他禄高についても欲はない、ということを項目にして書いている。

細川忠利公は、父忠興公時代、小倉の小笠原藩にいたが、熊本に移封された。父の時代に巌流島の試合があったときで、青年忠利公は巌流島の試合を見たり、聞いたりしているのである。

忠利公には武蔵に対する憧《あこが》れがあった。ぜひとも武蔵を熊本に招聘したいという気持ちが強かった。何とかして連れてくるようにと、思い立ってから、実現するまで三年かかっている。

小倉から忠利公が熊本に封じられたときは、三十五万石から四十五万石になったわけで、栄進である。名君であったが故に、高く評価された殿様であった。

武蔵は、熊本に来たとき、その身分は大組頭で、軍の大将であった。兵隊の位でいえば少将か中将の位で、取り扱いは家老に準じたという。

武蔵は、鷹狩りを許された。鷹狩りは、家老以上しかできなかったものである。したがって、格としては家老格であったわけである。

十七人扶持《ぶち》（給与）で、扶持高は少ないが、三百石である。これは、三百俵ともいわれている。禄高は低くしてもらいたいと武蔵のほうから願い出ている。

しかし必要な分は、どんどん出してやってくれと、忠利公から、八代にいる松井定守（巌流島の試合のときに検査役になった人物）に命じている。約束しない内金はどれだけでもよいというのである。武蔵は経済的には非常に裕福であった。

熊本城

『三十五箇条』と忠利の死

武蔵の居城は、熊本城の南側に隣接する千葉城に定められた。現在の千葉城町にあるＮＨＫのところであった。

武蔵は、寛永十七年春に熊本に来ると、細川忠利公の命によって、翌十八年に〝兵法三十五箇条〟をまとめた。

寛永十八年二月に、今までの剣法の総まとめである内容を三十五箇条に書き著わし、忠利公に奉じた。これは、後の五輪書の骨子ともいうべきもので、忠利公は非常に喜んだ。

しかし、忠利公は翌十九年五十四歳の若さでこの世を去った。武蔵の落胆は大きかった。

忠利公は、自分の希望によって武蔵を引っぱってきた。しかし、武士は階級制度が厳しいので、簡単に直接話をするというわけにはいかない。

武蔵は、忠利公と会うときは、殿様が庭に出られたときに出てゆくのであった。お庭で交流するという場があっただけで、特別部屋に呼んで話すということではなかったようである。何とはなしに、偶然会ったという形をとったのではないかと思われる。

その時代、格式のある状態のもとでは、武蔵は一介の浪人で客分として熊本にいるわけで、忠利公と親しく話すという状態ではなかった。

忠利公が亡くなったとき、十七名が殉死した。有名な阿部一族が、殿様の後を追って死んだのである。

本来ならば、忠利公から呼ばれた武蔵であってみれば、追い腹を切るという行為を、なぜとらなかったという疑問が残る。

当時、殉死は許可制であった。許可がなければ、当然できないもので、武蔵のように、外部から入って来た客分ということでは、殉死の対象にならなかったのである。

昔からつき従った家臣でなければ、外から来た飛び入りの者が、俺も殉死というわけにはいかなかった。

忠利公が亡くなって、武蔵は非常に悲観した。武蔵の考え方は、名君に仕え、強力な二天一流によって侍をつくり上げ、一国の主たる忠利をより名君に仕上げることであった。

それだから、政治についても関与するという立場で、希望をもって全国に君臨するという欲望をもっていた、と荻昌弘氏（映画評論家）の祖父の荻国弘が唱えたことについて、熊本出身の横井小南が激賞している。

それは、名君の忠利公を養育し、二天一流によって武力を完備して、天下に号令しようという考えを武蔵はもっていたのだということである。

晩年、武蔵は熊本を死に場所として求めて来たという

●同時代の剣豪たち

東郷《とうごう》藤《とう》兵衛《べえ》肥前《びぜんの》守《かみ》重位《しげたか》

東郷重位は、薩摩藩、島津の侍藤兵尉重篤の二男として、永禄四年（一五六一）鹿児島で生まれた。

室町時代は将軍足利義輝の治政であった。当時、九州は、タイ捨流が風靡していた。重位も、タイ捨流を学び、二十歳にして極意に達したという。

天正十五年（一五八七）、藩主島津義久に従い上洛した。そのとき、京都の万松山天寧寺にいた善吉和尚に会い、剣道の修行をした。

善吉和尚の教えた剣道は、天真正伝自顕流と言った。修行して半年余りで、その真髄をつかむことができた。

重位は、薩摩に帰り、自宅にこもり、立木、生木を相手として修行を続け、屋敷内の木をすべて枯らしてしまった。

修行すること三年にして、新しい剣道を編み出した。それは、若いとき修行したタイ捨流と、善吉和尚より教わった自顕流を総合した、「示現流」であった。重位二十八歳と言われている。

重位は四十四歳のとき、島津藩剣道師範役を命ぜられ、師範となった。

藩主家久は、薩摩の名僧文之和尚と相談し、この重位の創始した剣道を、法華経の「示現神通力」の言葉からとって、示現流と名付け、「御流儀示現流」として門外不出にした。

重位は、この示現流の始祖である。

火事伝説に残る若者のような武蔵

のではなく、大きな野望があったのだといっている。

熊本の武蔵

若者のような武蔵

熊本に来た武蔵は、ちょうど五十七歳であった。昔は、五十歳を過ぎたら老人であったら起挙動作には必ず杖を持たないと歩けない状態であったが、いざというときは身のこなしは素早かった。

熊本市内に現在、新町というところがある。城から近いところであったが、昔大火があった。そのとき、火災のなかで、屋根から屋根を飛んでいるものがいた。

それが宮本武蔵であったという説がある。

あんな老人のような恰好をしているけれど、いざというときは、青年より若いのだと、見たものがいったという話が残っている。

入浴しなかった武蔵

武蔵は、一生入浴しなかったという話があるが、これは身の危険ということがもとになっている。風呂に入るときは真裸であるから、武器が全然ない。あの慎重な武蔵であるから、裸で入るという危険性を、いちばん感じていたのではなかろうか。

真裸になって、風呂に入る。どこから敵が現われるかわからない。丸裸ではあぶない。そこで、風呂には入らず、行水をするわけである。河原に行って水で身体を拭く。

河原ならば、敵がどこから来ても見える場所で、見えるところでないと行水しない。

そういう点は、若いときから実戦的にやって、生命をかけてきたので、自分の身体を守るということについては、先天的にそういう気があった。

霊巌洞を選んで物を書くということも、一面身を守るという、危害を加えられない場所を選ぶということが、武蔵の狙いだったと思っている。

生涯妻《めと》を娶らず

剣の前には、情けがあったら、徹底して剣に生きられない。であるから、情というものから、すべて縁を切らなければいけないという考え方が、先生には多分にあったと思う。

独行道のなかに、「恋慕の心なし」と書いているが、遊ぶのは遊ばれたようだ。江戸では吉原の雲井という禿《かむろ》と親しい仲になって、武蔵が江戸を発つときに、真赤な内袖を贈られたということもあるので、情がまったくなかったわけではない。

ことさらに、夫婦というものの間をつくり上げてゆくと、情にほだされるというおそれがあったから避けていたので、金を出して買うということになれば、相手と特別の関係ができるわけではない。

そういう廓《くるわ》に上がったということは、一説としてある。自分の見近かに女性を迎えて生活するということは、剣の前にはどうしても許されなかった。

それと、禅をやっておられたのも一つの理由である。禅の前にも女性は邪魔になると見通しをつけていた。つまり、一切、家内というものをもたないという強い考え方であった。

浮いた話は、熊本に来られてからもないし、江戸で雲井という禿がいたということはあるが、その後に女性にほだされたということ、女に執着があったということは出てこないので、真面目な人だったのではないか。

岩尾の身

熊本での武蔵は、いうならば、岩尾の身である。相手が恐しがるが、自分は相手を何とも思わないという状態まで仕上がってしまった。

剣道でいう「猫の妙術」、最後の修行のでき上がった親猫で、他が寄りつかないだけの力をもっていた。

相手が寄りつかないような状態は、剣道の極意であり、武道の最高の位である。

相手がこの人には駄目だという状態になったときに、武蔵は刀を差す必要がなく、杖一本で町を歩いていた。

『五輪書』を書く

寛永二十年十月の夜、寅の一天に筆を執り始めた五輪書は、忠利公が亡くなられた時点で、三十五箇条は差しあげた。

亡くなって武蔵が即座に考えたことは、自分の今まで学んだ剣法を一つの本に残そうという気持ちが多分にあったと思う。

五輪書は、ただ自分の趣味で書いたものではない。生命をかけて、自分の流派を徹底的に説明して、これを後に残すという意図で書いたものである。

後学のために書いておく、という気持ちがあったと思う。反面、あの時代は柳生流に一辺倒になった時代でもあった。

武蔵はそれにも負けず、二天一流という一角を、熊本から堂々と唱え、殿様に対して、自分は日本一流の剣士であるということを書いておられる。

忠利公も、柳生宗矩《むねのり》の弟子である。非常に武道が上手で、鍋島藩の殿様と共に高く評価されている。熊本の細川藩が、いちばん優位であった。その子弟に対して、武蔵は一流の剣士である、天下一の剣士であると豪語している。

ということは、武蔵を通じて、あなたが習っている柳

●同時代の剣豪たち

樋口又七郎定次《ひぐちまたしちろうさだつぐ》

樋口又七郎定次は、馬庭念流の道統の中でも傑出していた。

馬庭念流の祖は念和尚と言われているが、念和尚の四代目樋口新庄左衛門高重のとき、上野国吾妻郡小宿村に移って、上杉民部大輔顕定に仕えていた。

明応九年（一五〇〇）当時の上州多胡郷馬庭村に移った。

高重は念流から神道流を学び神道流を継いでいたが、又七郎定次の代になって、念流を学び念流に復帰した。

この時代は、戦国時代であり、秀吉の全盛時代であった。他流では、新陰流では柳生石舟斎、タイ捨流では丸目蔵人佐徹斎、一刀流の伊藤一刀斎など、剣術の流祖の時代であった。

それらの流派は、各藩をバックにして栄えたが、念流は、馬庭にとどまり、地方を中心にして栄えたことで特長がある。

馬庭の念流と言われる所以である。慶応三年に建てられた、馬庭念流の道場傚士館は、現在も群馬県馬庭に保存されている。

武蔵が『五輪書』を書いた霊巌洞の内部

生よりも、私のほうが一枚上ですよ、と心のなかでは思っていたのではないか。

それだから、二天一流というものが、だんだん盛んになっていった。熊本では、柳生流はまったく鳴りをひそめるようになってしまった。

五輪書は、正保二年（一六四五）五月十二日に書き上がっている。ちょうど寛永二十年（一六四三）十月十日から書きはじめて、一年八カ月経っている。

この五輪書は、愛弟子の寺尾求馬之助勝延に与えている。

正保二年五月十二日、熊本千葉城の自宅で、すべての伝書を弟子に渡し、五月十九日に亡くなった。

当時、細川藩の三家老に対して、霊巌洞《れいがんどう》に座禅しながら、文書を書いた。その文書のなかには、自分も死期が近づいた、自分はこのまま霊巌洞で絶えたい。おかまいにならないようにお願いしたいと、書いて送っている。

三家老も、そうしなければいけないのだと思いながらも、重臣であるから捨て置くわけにはいかない。

また、霊巌洞の付近の村民がどうもおかしいと感じていた。夜になると灯がともり、奇しい空気が漂っている。武蔵が死にたいという気持ちで、霊巌洞に生命をかけている状態がまわりの者にもわかるわけである。

それが、熊本のほうにも伝わった。奇しい風評があるというのはそのことで、小倉から連れて来た増田という侍が行って、先生を肩に担いで金峰山を越え、千葉城の自宅に連れて来て寝かせた。

そして、一週間後の正保二年五月十九日に絶命したのである。十二日にすべて、自分の持っている刀とか五輪書とか独行道などを、それぞれの関係者に贈って、まったくの無一物になって亡くなっていった。

小説には霊巌洞で絶命したと書いてあるものもあるが、そのほうが、武蔵の終焉《しゅうえん》としては壮絶極まる死に方であるから、気持ちは、武蔵先生もそうであったろうと思う。

それは希望であったが、その希望を具現したということで、実際は、十九日に自宅で亡くなったのである。

そして、遺言によって殿様が参勤交代をされるときに送り迎えする場所に、鎧《よろい》、甲冑《かっちゅう》に身を固めて埋めてくれということで、熊本城の東南竜田町弓削《ゆげ》の街道に埋められた。

それが現在もある武蔵塚である。

武蔵の墓　〝武蔵塚〟

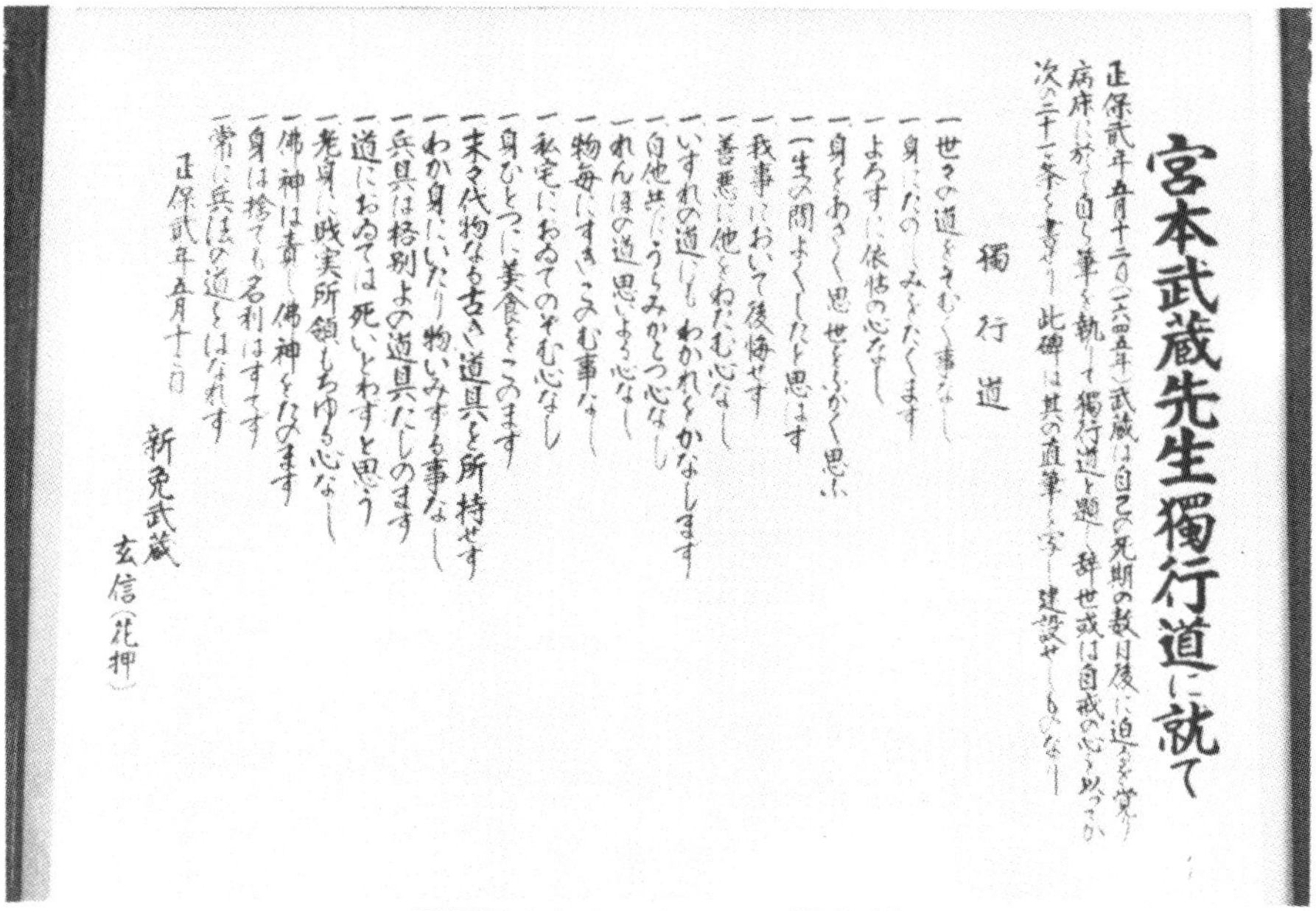

宮本武蔵先生獨行道に就て

正保弐年五月十二日（一六四五年）武蔵は自己の死期の数日後に迫るを覚り
病床において自ら筆を執りて獨行道と題し辞世或は自戒の心を以って
次の二十一条を書せり　此碑は其の直筆を写し建設せしものなり

獨行道

一　世々の道をそむく事なし
一　身にたのしみをたくます
一　よろすに依怙の心なし
一　身をあさく思世をふかく思ふ
一　一生の間よくしたと思はす
一　我事において後悔せす
一　善悪に他をねたむ心なし
一　いすれの道にも　わかれをかなします
一　自他共にうらみかこつ心なし
一　れんほの道思ひよる心なし
一　物毎にすきこのむ事なし
一　私宅においてのそむ心なし
一　身ひとつに美食をこのます
一　末々代物なる古き道具を所持せす
一　わか身にいたり物いみする事なし
一　兵具は格別よの道具たしなます
一　道においては死をいとわすと思う
一　老身に財宝所領もちゆる心なし
一　佛神は貴し佛神をたのます
一　身は捨ても名利はすてす
一　常に兵法の道をはなれす

正保弐年五月十二日

新免武蔵
玄信（花押）

死期迫るなかで書かれた〝獨行道〟

獨行道

独行道は武蔵先生の一種の遺書である。自分が渡って来た世の中で、自分の座右銘として心掛けてきた項目であると思う。

たとえばこのなかで「恋慕の心なし」といっているが、恋慕の心は人並みにあった。しかし、剣の前には、情に目をつぶってやって来たのだと。また「私宅に望みなし」といっているが、居宅というのには、ややもすれば欲が出た。これは剣の前には物に囚《とら》われてはいけないと、それを克服して来たのである。

自分の生活の生々しい記憶を、総まとめにしたのが独行道ではないかといわれている。

独行道は、死期の迫ってくるのを悟り、病床において筆を執られた。その項目は二十一箇条ある。

獨行道

一、世々の道をそむく事なし
一、身にたのしみをたくます
一、よろすに依怙の心なし
一、身をあさく思世をふかく思ふ
一、一生の間よくしたと思はず
一、我事において後悔せず

一、善悪に他をねたむ心なし
一、いずれの道にもわかれをかなしまず
一、自他共にうらみかこつ心なし
一、れんぼの道思いよる心なし
一、物毎にすきこのむ事なし
一、私宅におゐてのぞむ心なし
一、身ひとつに美食をこのまず
一、末々代物なる古き道具を所持せず
一、わが身にいたり物いずる事なし
一、兵具は格別よの道具たしのまず
一、道におゐては死いとわずと思ふ
一、老身に財実所領もちゆる心なし
一、佛神は貴し佛神をたのまず
一、身は捨ても名利はすてず
一、常に兵法の道をはなれず
　正保二年五月十二日
　　　　新免武蔵玄信（花押）

武蔵の六十二年の生涯は、剣を学ぶものに、大きな道を示している。

宮本武蔵年表

西暦	年号	武蔵年齢	武蔵に関する事項	歴史
1584	天正12	1	武蔵（幼名弁之助）播磨国に生まれる 兵法家新免無二斎が父とされている	小牧・長久手の戦 （秀吉関白となる）
1590	18	7		家康江戸に入る
94	22	11		柳生宗厳・宗矩家康に会う
96	慶長元年	13	播州新当流兵法者有馬喜兵衛と初勝負	
98	3	15		秀吉死す
99	4	16	但馬国兵法者秋山某と勝負	
1600	5	17	関ヶ原の役に出陣したという説あり（？）	関ヶ原の戦い。 東軍徳川家康勝利
3	8	20		家康、江戸に幕府を開く
4	9	21	京に上り吉岡一門と勝負 吉岡憲法の子清十郎 清十郎の弟伝七郎 清十郎の子又七郎 （諸説あり）	
5	10	22		秀忠、二代将軍に
6	11	23		
7	12	24	武者修行して諸国を廻る	
12	17	29	豊前小倉・船島で佐々木小次郎と勝負	

諸流派

柳生石舟斎（1606　78歳）

宝蔵院覚禅房法印胤栄（1607　87歳）

14	19	31		大阪冬の陣
15	元和元年	32	冬の陣に参加の説あり（？）	幕府武家諸法度制定 大阪夏の陣
16	2	33	船島で佐々木小次郎と勝負して後 諸国を巡り武道の鍛錬をする 足跡不明	家康死す
17	3	34		
18	4	35		
21	7	38	尾張・出雲・九州などを巡った 形跡あり	
23	9	40		家光三代将軍に
24	寛永元年	41		
28	5	45	伊織と出会い養子にする	
33	10	50	兵法の道を悟る	
34	11	51	養子伊織と豊前小倉に現われる 伊織小笠原忠真に仕官	
35	12	52		参勤交替制の確立
37	14	54	細川忠利・坂崎内膳を遣わす	
38	15	55	武蔵島原の乱に参画	島原の乱
39	16	56		幕府鎖国を断行
1640	17	57	武蔵細川忠利の客分として熊本へ	
41	18	58	忠利の命を受け兵法三十五ヶ条を奉ず	
42	19	59	忠利死す（五十四歳）	
43	20	60	金峰山霊巌洞で五輪書を執筆	
44	正保元年	61		
1645	2	62	門人寺尾勝信に五輪書を伝える（五月十二日） 五月十九日死す	

柳生但馬守宗矩（1646　76歳）

柳生十兵衛三厳（1650　44）

柳生兵庫助利厳（1650　72歳）

伊藤一刀斎景久

小野次郎右衛門忠明（1628　64歳）

小野次郎右衛門忠常（1665　59歳）

東郷藤兵衛重位（1643　83歳）

著者

一川格治 いちかわ かくじ

明治44年、熊本県八代市に生まれる。
旧制八代中学時代、澤友彦範士、大野操一郎範士らに指導を受け、
卒業後、熊本県警に奉職する。
県警時代は鶴田三雄範士、坂口鎮雄範士に師事。
定年退職後は熊本武道館剣道師範として後進を指導する。
昭和9年、皇太子殿下御誕生奉祝天覧試合に出場、
翌10年には全国青年演武大会で優勝を飾り、
戦後は全日本東西対抗大会など各種大会で活躍した。
剣道範士八段。また野田派二天一流第十七代を継ぎ、
同流の発展に努めた。昭和59年4月7日死去。享年73歳。

Musashi Miyamoto & The Book of Five Rings

宮本武蔵 二天一流の剣と五輪書 新装版

著　者　一川格治
発行者　櫻井英一
発行所　株式会社 滋慶出版／つちや書店
〒100-0014　東京都千代田区永田町2-4-11
TEL 03-6205-7865　FAX 03-3593-2088
MAIL shop@tuchiyago.co.jp
印刷・製本　日経印刷株式会社

この本に関するお問合せは、書名・氏名・連絡先を明記のうえ、上記FAXまたはメールアドレスへお寄せください。なお、電話でのご質問はご遠慮くださいませ。またご質問内容につきましては「本書の正誤に関するお問合せのみ」とさせていただきます。あらかじめご了承ください。

http://tuchiyago.co.jp